阅读的力量

THE POWER OF READING

斯蒂芬·克拉生 / 著

李玉梅 / 译　　王 林 / 审译

CHISO SINCE 1996 新疆青少年出版社

自由阅读有力量

（序言）

王林（语文教育工作者）

　　我最喜欢的事是推荐书，推荐那些带给我快乐、引发我思考的书，推荐给老师、家长和孩子。我的推荐总是热情洋溢，甚至有些过分热情。我相信，阅读热情是需要"传染"的。

　　《阅读的力量》是我推荐出版的一本阅读理论书。我在前年读到这本书的繁体版，就一直盼望能有简体版出版。我喜欢这本书到什么程度呢？我看书有画线批注的习惯，刚看几页下来，蓦然发现，满纸全画了线，作者几乎每一句话都能"击中"我，得出的每一个结论和我对阅读的思考不谋而合。

　　这是一本由枯燥数据和生动结论相结合的书。作者极力想证明的是自由自主阅读（Free Voluntary Reading，简称FVR）的重要性。FVR就是无压力阅读，为了兴趣而阅读，不需要写读书报告，不必回答每个章节后的问题，也不用为每个生字查字典。FVR不仅仅对学习母语有帮助，也是让外语能力登峰造极的方法。与传统的语文教学方法相比，"阅读是唯一的办法，唯一能同时使人乐于阅读，培养写作风格，建立足够词汇，增进语法能力，以及正确拼写的方法"。如果你没有耐心读这本书的分析过程和数据资料，你或许可以抽绎出这个结论。《阅读的力量》要阐释的是"自由阅读的力量"。

　　这是一本语文老师都应该阅读的书。作者通过大量研究资料，揭示了一个残酷事实——直接教学对提高学生的语文能力（Literacy）没有功效。也就是说，大部分老师花了大量时间，在课堂上教字词句、语法规则、语文知识、阅读方法，基本上是浪费时间，远不如让孩子自由阅读成绩更突出。我非常赞同这个结论。在我的数次讲座中，都曾提到语文教学的几大误区——教语文就是教语文教材；教学效率低，有效性差，少、慢、费；教师的大量讲解和学生的大量练习只会让学生更讨厌阅读，等等。

作者并不是完全排斥教师的作用，而是认为教师的力气没有用对地方。想想我们的语文教研吧，大量的时间都是培训老师教好一篇篇课文。老师如此教学，除了受自身因素的影响外，还受教育行政体制的钳制。所以，我要不厌其烦地抄下书中的这段话送给学校和教育局的官员们：

学校的行政当局必须知道，当教师朗读给学生听时，当教师在持续默读（Sustained Silent Reading）时段中显得放松时，他们是在执行工作。行政当局必须知道，营造一个出版品丰富的环境并非奢侈浪费，而是必需。（行政当局要是知道营造一个出版品丰富的环境不一定要花大钱，应该可以松一口气。只要省几部电脑的钱，就可以显著改善学校的图书馆。）行政当局应该也很乐意知道，提供一个出版品丰富的环境，可以让教师的一天过得更轻松也更有成效，学生的阅读与语文能力会提升，在日常生活与标准测验中的表现都会更好。

如果你相信作者的观点的话，语文教师要做的工作其实目标就更明确了——鼓励自由阅读，而且落实。本书第二部分讨论的是一些落实的方法。这些方法无外乎就是要解决书的问题、阅读时间的问题、指导方法的问题。这些方法都值得学校去践行。

有的读者或许会说：作者的研究是以英语阅读为研究对象，可是英语和汉语是不同形式的语言。我认为，如果我们把"阅读"定义成"从文字中提取意义"的话，英语阅读和汉语阅读没有本质上的区别。只有那些鼓吹"读经""吟诵""涵咏"的人，才会故意强调区别。

对这样一本优秀的、不艰涩的理论书，我不是要写序，我只是想传递阅读的喜悦，想告诉那些希望孩子阅读的大人们：自由阅读有力量！

目 录

导 言

从事学术研究或专业工作所需的复杂技能——理解多重情境或复杂事件的能力、对语调的敏感度、立即知道哪些文本重要和哪些语句可以略读的能力——这些都只能从经年累月的大量阅读中获得。

——Mary Leonhardt（1998）

📚 语文能力危机真的存在吗?

1987年，我第一次从奥普拉·温弗瑞（Oprah Winfrey）的脱口秀节目中听到"语文能力危机"（literacy crisis）一词。奥普拉·温弗瑞请了四位既无法阅读又不会书写的"文盲"成年人（adult "illiterate"）到节目中。他们的故事非常感人，现在也广为阅读大众所知。求学时，他们的日子就在小心地不在班上惹麻烦以及朋友的帮助下度过了。他们磨炼出在学校的求生之道，例如与同学一起去餐厅，观察同学点些什么，然后跟着点一样的东西。

电视节目播出后不久，文盲的情况又被拍成由Dennis Weaver主演的电视电影。不久后，一部描述成人文盲的电影——《史丹利与爱莉丝》（*Stanley and Iris*）也被搬上大银幕。由于这些电视、电影以及报纸杂志等平面媒体的报道，使社会大众产生一种印象：社会上存在着很高比例完全无法识字的文盲并且每年有成群不识字的年轻人从公立学校毕业。社会大众也产生文盲是可以治愈的印象，他们认为只要教不识字的人大声念出来，也就是所谓的自然发音法（phonics），就可以解决文盲问题。

这两种印象都是错的。语文能力危机并不存在，至少不像媒体描述的那样。

首先，只有极少数的人在接受完义务教育后仍然完全无法读写。事实上，若以具备最基本的读写能力来定义语文能力（literacy）的话，过去一百年来，美国具备语文能力的人口比例一直在稳定的增加中（参见Stedman & Kaestle, 1987）。

真正的问题是几乎每个美国人都能读也会写，但是既读不好也写不好。虽然20世纪具备基本语文能力的人数不断增加，但同时对更好语文能力的需求也越来越迫切，显然许多人的读写能力都不能达到现代社会所需的复杂语文能力。因此，问题不在于如何将学生的阅读水平提升到小学二、三年级的程度，而是要远远超过这个水平。

（顺带一提，自然发音法对于初级阶段的学习者也非灵丹妙药。相关的探讨可参见Krashen, 2002; Garan, 2002; Coles, 2003。）

我认为要改善这种语文能力危机需要依靠一种许多人生活中非常缺乏的活动：阅读，尤其是我所说的自由自主阅读（Free Voluntary Reading），简称为FVR。FVR指的是因为想阅读而阅读。对于学龄儿童，FVR不需写读书报告，不必回答每个章节后的问题，也不用为每个生字查字典。FVR是放弃阅读一本自己不喜欢的书，再另外找一本喜欢的来读，这种阅读方式是所有具备高语文能力的人经常使用的阅读方式。

我不会宣称FVR是提高语文能力唯一的解决之道。并非所有自由阅读的人都能申请进入哈佛大学的法律系就读。不过研究结果告诉我们，当孩子或语文能力水平较低的成人开始因乐趣而阅读时，好的事情便会接踵而来。他们的阅读理解力会增加，会发现原本难懂的、学术性的文章变得容易理解了。他们的写作风格也会改进，能够写出被学校、商界，以及科学界所接受的文章。他们的词汇量会增加，同时拼写与语法也都会得到改善。

换言之，自由自主阅读的人有大好机会提升语文能力。研究结果也告诉我们，不是因为乐趣而阅读的人没有这样的改善机会。他们的读写能力很难达到足以应对现今社会要求的程度。

我也深信FVR是让外语能力登峰造极的方法。对于学习外国语言的人，FVR是跨越初学与流利鸿沟的最佳桥梁。

这本书描述与FVR有关的研究结果，实行FVR的方式，以及与阅读、书写和语文能力有关的因素。自由自主阅读能为个人与社会带来可观的正面影响，本书的目的便是要让读者知晓自由自主阅读的力量。

Chapter 1
阅读研究

　　自由自主阅读（Free Voluntary Reading, FVR）是指阅读者纯粹出于兴趣而阅读，不需写读书报告，也不用回答章节后问题的阅读方式。若是不喜欢这本书了，也不必勉强读完它。FVR让许多人为之着迷。

　　FVR是非常重要的语言教育方式，也是我们在学习母语、文学、第二语言或外语时，容易忽视的学习方法。它本身无法造就最高阶段的语言能力，但却是达到语言流利水平的基石。若是少了FVR，则很难获得高阶段的语言能力。

　　关于FVR的重要性我将在下面的章节中简要介绍。我的主张是，其他刺激语言发展以及提升语文能力的方式都不如FVR有效。

> • *自由自主阅读（FVR）是语文教育的基础。*

支持FVR的例证

校内的自由阅读计划

　　校内的自由阅读计划提供了阅读功效的最佳例证。这些阅读计划中，部分学校将时间拨给无限制的自由自主阅读活动。校内的自由阅读计划主要有三种方式：持续默读（sustained silent reading）、自主选择阅读（self-selected reading）以及广泛阅读（extensive reading）。在持续默读中，教师与学生每天都自由阅读一小段时间（从5分钟到15分钟不等，参见Pilgreen, 2000）。自主选择阅读时，自由阅读是语文课的重要部分，教师会以座谈会的方式和学生讨论读了些什么。广泛阅读时，学生需要对自己读的东西负一点点责任，例如，为所读的东西作一小段总结。

　　表1.1总结了校内自由阅读计划对阅读能力的影响。每一项研究都是比较参加校内自由阅读计划学生和参加传统阅读方案学生的阅读测验结果。传统阅读方案是指定阅读内容，直接针对语法、词汇、阅读理解力与拼写的教学方式。

　　从下表中可以清楚地看出两件事。首先是校内自由阅读方案都比较有效。在对54个例证的比较中，有51个（达94%）例证表明，自由阅读方案的效果与传统阅读方案相当，甚至更好。

• *校内FVR的方式：持续默读、自己选择阅读、广泛阅读。*

表1.1　阅读能力测验结果：校内自由阅读与传统阅读
方式的比较

持续时间	更好	没有差异	更差
少于七个月	8	14	3
七个月至一年	9	10	0
多于一年	8	2	0

注意表中"没有差异"一栏，表示参加自由阅读方案的学生表现得和传统阅读方案的学生一样好，这也印证了自由阅读能让语文能力增长的观点。我们随后会再回来讨论这一点。稍后也会看到有足够的证据显示，自由阅读是件非常愉快的事，而且可以帮助学生获得更广泛的知识。因此，即使自由阅读对于培养语文能力的效果只与传统的直接教学相当，也应该优先选择自由阅读的方案。

• 在对54份例证的比较中有51份显示，FVR学生在阅读测验的表现相当于或是优于接受以传统技能培养为主的阅读教学的学生。

其次，研究显示持续时间越长，自由阅读发挥的作用越大。对这一点，采用自由阅读教学的教师深有体会：学生需要一些时间来选择想读的书。表1.1表明，实施自由阅读方案只要超过一年的时间就会成效明显。[1]

• FVR 的时间越久，效果越明显。

校内自由阅读方案也对增进词汇、语法、写作、口语、听力等能力有帮助（Greaney，1970；Krashen，1989）。

仅有少数的研究发现校内阅读对拼写能力有帮助。这些研究中，Pfau（1967）的研究指出，额外补充的自由阅读不会增进拼写能力，但是Collins（1980）和Hafiz与Tudor（1990）的研究则发现，参加持续默读方案的学生，拼写能力进步远比参加传统阅读方案的学生多。

Elley（1991）的两个分组研究，第一个研究结果显示，自由阅读的学生在拼写能力上比传统阅读的学生要好；但是另一个研究结果则是两者没有显著区别。不过无论哪一个研究，传统阅读组的学生都不会表现得更好。[2]

下面的例子进一步提供了研究校内自由阅读的发现。表1.1中的研究大部分是针对学习母语的美国小学生，下面的研究结果表明，自由阅读对于其他族群的学生也很有效。

Fader（1976）的书中提到，McNeil研究自由阅读方案对60位年龄介于12岁到17岁，就读于改革学校（reform school）的男孩的效果。他们鼓励这些男孩阅读报纸、杂志与一般书籍，这些阅读的材料会在课堂中讨论。一年后，学生的阅读测验分数从69.9分进步到82.7分（增加了12.8分），但是对照组（传统阅读方案组）的学生只从55.8分进步到60.4分（增加4.6分）。

Elley与Mangubhai（1983）的研究显示，自由阅读对于学习第二语言也有显著功效。他们的研究对象是四年级与五年级以英语为第二语言学习对象的学生。这些学生被分成三组，每天接受三十分钟的英语课程。第一组采用传统的听—说（audio-lingual）教学方式，第二组采用纯粹自由阅读的方式，第三组则采用"分享阅读"（shared reading）的方式。分享阅读是：全班分享一本好书，由老师以读睡前故事的方式先把书中内容念给学生听，然后大家一起讨论书中的人和事。孩子也可以和老师一起朗读，或是演出或画出书中的情节，甚至重新编写标题，

- 改革学校的男学生从 FVR 中获益良多。

- 斐济学习英语的学生从 FVR 中获益良多。

或是改写角色或剧情。(Elley, 1998, pp. 1-2)两年之后，自由阅读组和分享阅读组的学生在阅读理解力、写作与语法上，都远优于传统教学组的学生。

Elley（1991）还指出，自由阅读对学习第二语言的新加坡学生有深远影响。三个持续1-3年，包括了3 000名6岁至9岁学生的研究显示，这些参加"阅读与提升英语能力计划"（Reading and English Acquisition Program）的学生，在阅读理解力、词汇、口语能力、语法、听力与写作能力上，都远优于在传统教学法下学习的学生。"阅读与提升英语能力计划"采用的是结合了分享读书经验、语言经验和自由阅读的方式。[3]

- 新加坡学习英语的学生从FVR中获益良多。

Elley（1998）最近从南非与斯里兰卡搜集的数据也显示，只要鼓励孩子因为乐趣而阅读，这些孩子在阅读测验以及其他各种语文测验中的表现，都能比在传统教学方式下学习的孩子更好。表1.2显示的是来自南非的数据。这项研究中，以英语为外语，并且居住在出版物资源不多地区的学生，每人都可以取得60本内容有趣的图书，以及另外60本六个相同主题的套书。这些书就放在教室里，作为教师朗读、分享阅读和持续默读的材料。每个例证中，实验组有阅读经历的学生都比对照组没有阅读经历的学生表现优异，而且两者间阅读能力的差异随着阅读时间增加而持续扩大。

表1.2　南非的校内阅读比较

阅读测验成绩

	四年级		五年级		六年级	
	阅读	未阅读	阅读	未阅读	阅读	未阅读
东开普（Eastern Cape）	32.5	25.6	44	32.5	58.1	39
西开普（Western Cape）	36.2	30.2	40.4	34.3	53	40.4
自由邦（Free State）	32.3	30.1	44.3	37.1	47.2	40.5
纳塔尔（Natal）	39.5	28.3	47	32.3	63.1	35.1

资料来源：Elley (1998).

　　Beniko Mason的研究显示，校内广泛阅读对年龄较大的学生学习外语也有帮助。Mason的第一项研究（引自Mason & Krashen, 1997）中，实验组的学生在日本的大学学习必修的英文课程。这些学生的特别之处是他们全部都有英文不及格的经历（称为Sai Rishu，或是重修生）。在前测与后测的完形填空测验（cloze test）中，学生要将文章中空缺的英文单词填上。整个学期中，实验组的学生在课内和家中都要阅读简易分级读本。他们除此之外的任务很少，只需要用日文写下简短的摘要，以及写日记，记录自己的感觉、想法和进展。对照组学生上的课则以传统的语法和翻译教学为主。

　　如表1.3所示，虽然实验组学生在学期初始的阅读测验成绩远低于对照组，但他们进步神速，甚至在学期末时几乎追上接受传统教学法的学生。

表1.3 日本学生的广泛阅读成效：完形填空测验结果

	前测平均（标准差）	后测平均（标准差）
广泛阅读组	22.55（11.54）	31.40（11.43）
传统教学组	29.70（8.23）	33.05（8.24）

资料来源：Elley (1998).

这个研究最重要也最令人印象深刻的发现，是广泛阅读组学生显著的态度转变。许多原本抗拒学英文的学生变成了急切渴望阅读的人。有些人在日记中写到他们对自己的进步也感到很吃惊。日记也显示出他们的确读懂了那些故事。有趣的是，Mason还发现学生的进展并非线性地由简单的故事进步到艰深的故事。有些学生读了较难的故事后又回头读容易的，然后再去读较难的。

• 原本不情愿学英文的日本学生从FVR中获益良多。

Mason在之后的一些研究中发现，不论是对一般大学的学生还是小区大学的学生，当实验持续超过一学年以上时，广泛阅读的效果都比传统教学方式要好。她同时还发现，广泛阅读的学生不但阅读能力进步，写作能力也进步了。（Mason & Krashen, 1997）

Shin（2001）研究为期六个星期的"自主选择阅读活动"对200名六年级学生的影响。这些学生因为英文阅读能力低下而必须参加暑期的补习课程，其中约30%的学生的英文能力非常有限。他们每天要上4小时的课，2小时是自主选择阅读，其中包括25分钟是在学校图书馆。学区的教育主管机关平均在每位学生身上花了25美元，

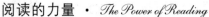

用来购买通俗的书籍与杂志。大部分的书都是《鸡皮疙瘩》（*Goosebumps*）系列（接力出版社出版）。此外，每天约有45分钟用来阅读和讨论像是Wilson Rawl的《红色羊齿草的故乡》（*Where the Red Fern Grows*）、Scott O'Dell的《蓝色的海豚岛》（*The Island of the Blue Dolphins*，新蕾出版社出版）之类的书。对照组的孩子在暑期中上的是标准的学习课程。

六个星期的暑期课程下来，孩子们在奥图阅读理解测验中取得的成绩（Altos test of reading comprehension）以及词汇上的进步相当于平时五个月的学习效果，对照组的孩子反倒是退步了。在尼尔森—丹尼阅读理解测验（Nelson-Denny reading comprehension test）上，孩子的进步足足相当于平时学习一年以上的效果，不过在词汇量的增长上，则与对照组的孩子差不多。

让语言能力落后的孩子去暑期学校来提高阅读能力，是最近流行的方式。与大多数的方案相比，Shin的阅读方式比起强调反复练习的教学方式更能让学生快乐学习，也更有效。[4]

自由自主阅读

自称阅读得比较多的人，通常也读得比较好，而且写作方式也比较成熟。这点在许多校内自由阅读的研究中也得到证实（细节请参见Krashen, 1988）。这里我只举几个例子。

Anderson、Wilson与Fielding（1988）要求五年级的

• *阅读"鸡皮疙瘩"系列图书的暑期课程对学生的阅读能力很有帮助。*

学生记录在校外从事的活动，他们发现"孩子们花在阅读上的时间，是最能预测他们各种阅读能力（像是阅读理解力、词汇、阅读速度）的变量，其中包括二年级至五年级间阅读理解力进步的程度"（p. 285）。

Postlethwaite与Ross（1992）对32个国家的阅读能力非常优异的9岁学生进行研究，发现当孩子家中的书籍数量以及其他背景变量被控制了以后，150个可能预测阅读分数的变量中，自由阅读占据着第二的位置：学生在学校中阅读较多的书籍，杂志与漫画，则他们的阅读力会较好。第三个重要的预测变量是在课堂内的阅读时间。

Kim（2003）研究一群参加暑期阅读活动的五年级学生，也得出类似的结论。他以统计学的方法控制住大部分的变量（包括性别、贫穷程度、种族、态度／动机、情绪障碍、学习困难度、英语是否为第二外语），发现在暑假中学生读的书越多，则阅读理解力的进步就越大。Kim计算出暑假中阅读一本书大约相当于增加0.03个阅读理解力的标准差，因此阅读五本书则约增加0.15个标准差。如果阅读力的增加可以如此累计，那么若是每个暑假都如此阅读，即使只有中等的额外阅读量，对孩子语文能力的影响也会非常显著。

研究也显示阅读量与拼写能力相关（关于学习母语的研究请参见Stanovich & West, 1989；学习第二语言的研究请参见Polak & Krashen, 1988）。Lee与Krashen（1996, 1997）以及Lee（2001）的研究也显示，中文的自由阅读与写作能力间有正向的关系。

*   *自称阅读得比较多的人，阅读力和写作力都比较好。*

*   *暑假中多阅读五本书＝增加三个百分点。*

第二语言的自由阅读

学习第二语言以及学习外语的研究指出，阅读多的人在各种测验中的表现都比较好。

Stokes、Krashen与Kartchner（1998）研究美国以西班牙语为外语学习对象的学生对西班牙语虚拟语气中动词的了解。就算是以西班牙语为母语的学生也常觉得这个很难。他们测试学生在实际情境中使用虚拟语气的能力，而非只是是否知道虚拟语气的规则。其中只有一位受测的学生不知道测验的重点是虚拟语气。自由自主阅读西班牙文读物的时间长短，是唯一能预测虚拟语气能力的变量。至于学生正式学习西班牙文的时间长短、花在学习虚拟语气上的时间多寡以及居住在说西班牙语的国家的时间长短，都不是显著的预测变量。

学者研究居住在美国的外国学生学习关系从句时的情况，也得出类似结论（Lee, Krashen, & Gribbons, 1996）。

数个研究同时证实，阅读第二语言的读物越多，则该语言的写作能力也会越强（Salyer, 1987；Janopoulous, 1986；Kaplan & Palhinda, 1981）。

自由阅读时间的长短也是非常好的托福测验（TOEFL）成绩预测变量。托福是外国学生申请就读美国学校时必须参加的英文阅读、听力、语法与写作能力的测试。自由阅读时间长短与托福测验成绩间相关性的研究，有的针对美国境外测验的学生（Gradman & Hanania,

- *FVR 与西班牙语中的虚拟语气。*

- *FVR 与英文的关系从句。*

1991），有的针对美国境内测验的学生（Constantino；Lee；Cho；& Krashen, 1997）。自称花较多时间在"课外阅读"（Gradman & Hanania），与"自由阅读"和"读书"（Constantino et al.）上的考生，托福成绩都比较高。比较有趣的发现是，花在"课外写作"上的时间长短并不能有效预测托福测验的成绩（Gradman & Hanania）。

• *FVR 与TOEFL。*

虽然每个研究都显示，花在自由自主阅读上的时间与发展语文能力两者之间的关系并不是非常大，但是却非常一致。即使研究中所用的测验方法不同，或用不同方式测量阅读习惯，或是对自由阅读有不同的定义，几乎每个与此有关的研究都发现两者之间有正相关的关系。

虽然研究得出的花在自由自主阅读时间上的结果令人印象深刻，这些研究也不是完全没有问题。首先，这些研究依赖受访者自称花了多少时间在阅读上，而这样的数据并不一定可靠。其次，读者应该可以想到其他对培养语文能力有帮助的因素。比方说，一个花较多时间阅读的人可能也会多做一些其他的事，像词汇练习。也可能在学校中做比较多反复练习的人在阅读测验中得到较佳成绩，因此变得较喜欢阅读，所以阅读时间变得较长。我觉得这些可能性都很牵强，不过不是没有可能。

你也可能会说，之前提到的校内自由阅读研究可能有这样的问题——也许是这些额外的阅读刺激学生做了更多的练习。这其实不太可能发生，不过也不是完全不可能。

• *其他关于培养语文能力的解释虽有可能，但很牵强。*

作者辨识测验

　　Keith Stanovich在一系列阅读影响力的研究中，使用了一个简单但很有价值的方法——作者辨识测验。作者辨识测验要求受试者在一串作者的名单中，指认出自己认识的作者名字。以英文为母语的受试者的作者辨识测验中取得的成绩和在词汇能力（West & Stanovich, 1991; West, Stanovich, & Mitchell, 1993; Lee, Krashen, & Tse, 1997）、阅读理解力（Cipielewski & Stanovich, 1990; Stanovich & West, 1989）以及拼写能力（Cunningham & Stanovich, 1990）测验中取得的成绩之间大致上是相关的。这些结果也在其他的母语实验中得到印证：在中文（Lee & Krashen, 1996）与韩文（Kim & Krashen, 1998a）的研究中，作者辨识测验成绩与写作能力明显相关；在西班牙文（Rodrigo, McQuillan, & Krashen, 1996）的研究中，作者辨识测验成绩与词汇的发展显著相关。

　　宣称自己阅读较多的人在作者辨识测验中的成绩也较佳，这点不论在说英语（Stanovich & West, 1989; Allen, Cipielewski, & Stanovich, 1992）、说韩语（Kim & Krashen, 1998）、说中文（Lee & Krashen, 1996），还是说西班牙文（Rodrigo et al., 1996）的人身上，都是正确的。

　　有个研究也指出，作者辨识测验的结果和被观察到的阅读量之间有正相关关系。West、Stanovich与Mitchell（1993）观察在机场候机的乘客，并将他们分成阅读者（被观察到至少持续阅读10分钟以上）与非阅读者两类。被归类为阅读者的人在作者辨识测验以及简短的词汇辨识测验中，都明显表现得较佳。

目前只有一个针对学习外语的学生在作者辨识测验表现的研究。Kim与Krashen（1998b）的研究发现，以英文为外语的高中生辨认英文作家的测验结果，是预测英文词汇测验结果的良好指标。此外，宣称自己较多自由阅读英文书的学生，在作家辨识测验的表现上也比较好。

除了确认为娱乐而阅读与语言发展二者之间的关系之外，作者辨识测验以及其他一些类似的测验（例如，杂志辨识测验和书名辨识测验）也为这个领域提供了简单但可信的研究方式。

阅读后测验研究

阅读后测验研究也提供了证据说明阅读的力量。在这种测验中，受试者被要求读一小段含有自身不熟悉单词的文章，但事前并未告知他们将读到这些词，他们同时也不知道读完以后要接受词汇或拼写方面的测验，不过研究人员鼓励读者尽量读懂文章的含义。当受试者读完文章后，会测验他们是否了解部分或全部文章中出现的生词，或是测验他们对这些词的拼写能力有没有改进。因此，阅读后测验研究是探讨"附带性"的学习的研究。

一些最有名的阅读后测验研究是伊利诺伊大学（University of Illinois）作的（Nagy, Herman, & Anderson, 1985;

能认出比较多作者名字的人经常阅读，语文能力也发展得比较好。

阅读后测验使用含有生字的短文。

Nagy, Anderson, & Herman, 1987）。伊利诺伊大学的研究人员以小学生为测试对象，并从小学课本中撷取文章段落。他们研究学生掌握词汇知识（vocabulary knowledge）的方式有一项重要的特征，就是这种研究方式能敏锐反映出实验对象是否已经对那个目标单词有些微的了解。Nagy等人（1985）总结研究结果后指出：当学生从文章中读到一个不熟悉的词时，通常"确实会增加一点点对于该词的知识"（Nagy & Herman, 1987, p. 26）。

• *每次读到生词时，通常会增加一些对该词的知识。*

发条橘子研究

发条橘子研究（Saragi, Nation, & Meister, 1978）有效地证实了我们从阅读中学习词汇的能力。受试者是母语为英语的成年人，他们被要求读Anthony Burgess所著的《发条橘子》（*A Clockwork Orange*）一书。这本书中有241个耐第赛（nadsat）方言的词，平均每一个词重复出现十五次。只有少数人在阅读这本书以前便知道这些词。书店中出售的《发条橘子》在书末附有耐第赛方言词的翻译对照表供读者查询。

这个研究中，受试者只是被告知要读《发条橘子》，同时在读完后会有一个有关理解与文学评论的测验。不过，他们并没有被要求去学或记住那些耐第赛词。受试者可以根据自己的阅读速度把书读完，只不过要在读完的三天内告诉研究人员。几天之后，受试者就会接受一个包含90个耐第赛词的选择题测验。

测验结果发现受试者学会了许多耐第赛词。答对率的分布从50%到96%不等，平均正确率为76%。受试者光从阅读一本书中便学了至少45个词。

Pitts、White与Krashen（1989），Day、Omura与Hiramatsu（1991），Dupuy与Krashen（1993），Horst、Cobb与Meara（1998），以及Pulido（2003）等学者，在第二语言的阅读后测验研究中都证实了词汇可以从阅读中累积这一说法。在Herman（2003）的研究中，以《动物庄园》（*Animal Farm*，上海三联书店出版）中的生词测验两组ESL（English as Second Language，英文为第二语言）的成人学生。第一组受试者以背诵方式来记忆这些单词，第二组则是阅读《动物庄园》这本书。事前两组受试者都不知道将要接受单词测验。背完单词与读完书一周后的测验结果是背诵组的表现较佳，但是三周后再测，两组受试者的表现已无分别。在前后两次测验时间内，背诵组的人忘掉了许多单词，但是阅读组的人分数反而增加了。[5]

很明显的，与其他方式相比，文章的情境脉络给了读者更好的线索来了解生词的意义。而且研究结果也指出，大多数读物的文章脉络都对理解单词有帮助。Beck、McKeown与McCaslin（1983）测试的基础读物中，61%的文章脉络至少提供一点点生词意义的线索，对学习新单词有帮助。不过也有31%没有帮助，而有8%则是"错误的引导"。

即使书中偶尔有没用甚至错误引导的情境脉络存在，读者终究还是会了解许多生词的意义。与大多数可以从阅读中学得生词的情况相比，读者遇到无法领会，

• 学生阅读含有许多特殊单词的小说时，光从文章脉络提供的线索中便能理解其中许多生词的意思。

• 大部分文章的情境都很有帮助。

或是必须查字典，或是根本会弄错意思的生词，毕竟只是极少数的情况。[6]

拼写

读后测验拼写的研究也得到类似的结果（详细的文献回顾请参见Krashen, 1989）。每次读者在文章中遇到不会拼的单词，在以后正确拼出那些词的能力都会增加一点点。

Nisbet（1941）的研究很具有代表性。他让11岁到14岁的孩子阅读文章，里面含有前测中孩子不会拼的单词。阅读完后，平均25个原本不会拼的单词中，孩子能够正确拼出一个。Nisbet认为这些进步微不足道而作出下面的结论："密集的阅读和学习一段文章……的确会让拼写能力进步一些，但是进步的幅度实在不够……有充分理由说明拼写教学被忽视了。"（p. 11）不过，如果阅读量够大的话，也许就足以显著地提升拼写能力。[7]

一个所有老师都熟知的经验支持拼写能力来自阅读的假设。老师们都知道：越常读到拼错的词，拼写能力就下降越多。一项改良过的读后测验研究证实了"读学生写的论文对老师的拼写能力是有害的"（Jacoby & Hollingshead, 1990, p. 357）。这项研究中的受试者阅读过含有许多拼错词的文章，即使他们只不过读了一次而已，拼写测验结果显示，受试者在拼那些文章中被拼错的词时，与拼那些文章中拼正确的词相比较，明显表现得较糟。

• 阅读可提升拼写能力。

Jacoby与Hollingshead（1990）表示，若只看过一次拼错的词影响并不大。不过他们也提到：

> 在论文的第二作者身上……发生了许多显著的改变。搜集资料的过程中……她读了大量拼错的词。结果她说这个经历让她对自己的拼写能力失去信心。她已经无法从一个"看起来对"的词来判断它是不是真的拼对了。那个词之所以看起来对，也许是因为它是研究中被拼错的词之一。（pp. 356–357）

- 读到拼错的词，拼写能力与自信心都会下降。

总结

校内自由阅读的研究与校外自己宣称的自由自主阅读研究都指出，阅读对增进阅读理解、写作风格、词汇、拼写，以及语法等能力都有帮助。阅读后测验研究也证实阅读能够帮助词汇与拼写能力的发展。图1.1总结了这部分的"阅读假设"。[8]

- 校内FVR 可获得较佳的：
  - 阅读理解力
  - 写作风格
  - 词汇
  - 拼写
  - 语法

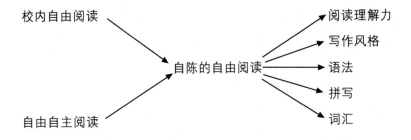

图1.1　阅读假设

尽管有这些研究结果，也许还是有人会说，阅读只不过是增进语文能力的方法之一。下一节中，我们要探讨"阅读假设"的一个相对假设。这个假设主张语文能

力可以通过另一种方式——直接教学来培养。

自由阅读外的另一种假设：直接教学

直接教学的特色可以说是两种程序的组合：

1.技能培养：技能培养指刻意学习一种规则、词义或拼写，然后让这个规则变成一种"自动化"的输出过程。

2.纠正错误：当错误被改正时，老师就希望学生能意识到自己对规则、词义或拼写的知识都应该被改正过来。

有几项有力的原因支持为什么直接教学对培养语文能力的帮助不大。每一项原因本身的说服力就非常强，若是汇总这些原因，就会压倒性地否决直接教学的功效。简单地说，有三项论点反对直接教学：

1.语言的范围太广、太复杂，根本无法一次只教或学一种规则或一个字（语言复杂性论点）。

2.即使没有正规教学，语文能力的培养也可能发生（不教而会论点）。

3.直接教学的影响非常小，甚至几乎不存在。即使研究显示直接教学有帮助，有时这种正面的影响也会随时间的流逝而消失。

语言复杂性论点

许多学者都指出，语言非常复杂，无法刻意或有

- 直接（技能取向）的教学法能与FVR竞争最佳提升语文能力的方法吗？

- 不利于直接教学的事例不胜枚举。

意识地一次只学一种规则或项目。这个主张已经被用在学习语法（Krashen, 1982）、拼写（Smith, 1994a）、自然发音法（Smith, 1994b）、写作风格（Smith, 1994a; Krashen, 1984），以及词汇（Smith, 1988; Nagy, Herman, & Anderson, 1985）上。

或许最具体的例子便是词汇学习。估计成人认识的词汇量大约在4万个词（Lorge & Chall, 1963）到15.6万个词之间（Seashore & Eckerson, 1940）。有学者指出，小学生每天学的新词在8个（Nagy & Herman, 1987）到14个以上（Miller, 1997）。

不只是有许多词要学，要能恰当使用，更有许多微妙与复杂的词的特性要知道。许多时候，一个词的意义根本无法用一个同义词来解释。就像Finegan（1999）所说的，看起来意义相同的两个词往往指的是略微不同的概念，或是应该在略微不同的情形下使用。[9]

另外，当我们学会一个词时，同时也要学会相当多关于这个词的语法特征的知识。以动词为例，就包含许多非常直观的特征，比如说它是及物动词还是不及物动词〔我们可以说"约翰说了个笑话"（John told a joke.），而不是"约翰说"（John told.）〕。动词还有更复杂的特征，例如，在句子"约翰很容易讨好别人"（John is easy to please.）中，动词"讨好"的对象是"某个人"，而不是约翰。但是在句子"约翰渴望被取悦"（John is eager to please.）中，约翰成了动词"取悦"的对象。专业的语法学家也很难适当地解释在一般规则之外存在的

• 语言太复杂，无法一次只学一种规则或一个单词。

• 使用语言时必须学会许多词，包括许多细微的词义变化和复杂的语法特征。

阅读的力量 · *The Power of Reading*

差异处，而这些差异也很少会被教给学生。

当下教词汇的方式通常着重在教简单的同义词，因此往往只教了一部分的词义而没教它的社会意义与语法特性。

不教而会论点

有充足的证据显示，不经过正式教育也能培养出语文能力。这些证据都强烈指出，仅仅依靠阅读便足够培养语文能力了。

前面引述的阅读后测验研究便是最有力的证据，足以说明不经过正式教学也能培养语文能力。显而易见的是，在这些研究中，受试者学会词汇和拼写都没有经过技能培养与纠正错误的过程。

相似的，学生在校内的自由阅读方案中（请见前文"校内的自由阅读计划"），进步的程度相当于或更胜于传统教学方案下的学生，这足以证明可以不通过直接教学而获得语文能力这一论点。

认识大量词汇并有良好写作能力的人通常不会说这些能力是通过学习而得来的。Simth与Supanich（1984）测试456位公司总裁，发现他们明显地比对照组中的成人得到更高的词汇测验分数。当被问到是否在离开学校后曾努力增进自己的词汇量时，54.5%的人说"有"。当被问到是如何增进词汇量时，这54.5%的人中，约有一半都提到阅读。试图增进词汇量的受访公司总裁中只有14%的人（占所有受访总裁的3%）提到借助词汇书籍。

• 教单词表没有效率，不如将时间花在阅读上。

• 知道大量词汇的人中，只有少数使用词汇书籍来增进词汇量。

一些例证故事

有些令人印象深刻的例证故事强而有力地指出，仅只是阅读就足够培养语文能力。Richard Wright（1966）生长在一个不赞同阅读与写作的家庭中。他的祖母甚至还曾经烧掉他带回家的书。"书在我家被烙上庸俗的印记。"（Wright, 1966, p. 142）

Wright很小的时候便喜欢阅读与听故事，这都要归功于一位学校老师（一位寄宿在他家的人）经常给他讲小说中的故事。Wright曾经非常纠结于是否该多读书。他曾经当过送报生，为的只是能够有机会读报纸。他还使用朋友图书馆的借书证看书，这个图书馆规定只有白人才能使用。

Wright的故事显然与本书上面引用的研究结果相符。他将阅读视为培养他成为作家的功臣："我渴望写作，但我对英文的认知却非常有限。我买了语法书来看，却觉得它们枯燥至极。后来我发现，从阅读小说的过程中而非从语法书里，我对英文越来越有感觉了。"（1966, p. 275）

Wright将自己语文能力的培养归功于阅读小说，麦坎X（El-Hajj Malik El-Shabbaz）则是归功于阅读非小说类的文学作品。麦坎X在自传中说，他小时候在学校中的表现便很好。事实上，他当过七年级的学生会主席。不过，他的街头生活却把学校中所教的东西都抹杀掉了（El-Shabbaz, 1964, p. 154）。他描述自己第一次想要写信

• 作家*Richard Wright*
将自己语言能力的培
养归功于小说，而非
语法书。

给Elijah Mohammed的情景：

> 信的第一页我至少就写了25次，一遍又一遍地重写。我一直试着让字迹能被辨认出来，意思能更清楚。事实上，连我自己也很难辨认我的笔迹，有点羞愧到我自己都不想记得这件事。当时我的拼写与语法就算不是糟透了，也是够糟的了。（p. 169）

改变是在他入狱时发生的。"现在许多在监狱中或电视上听过我演讲的人，或是读过我演讲内容的人，可能会以为我的学力远超过八年级。会产生这样的印象完全是因为我在狱中的自学。"（p. 171）

麦坎X的"狱中自学"以阅读为主。他一开始采取研读字典这种机械的方式来增加词汇量，从此以后他变成了热爱阅读的人。"任何空闲时候，我不是在图书馆里读书，便是在我的床铺上阅读。用什么方法都不能把我跟书分开。"（1964, p. 173）

如同Richard Wright，麦坎X也特别推崇阅读的力量。"不久前，一位英国作家从伦敦打电话给我，问我一些问题。其中一个是：'你拿的是哪一所学校的文凭？'我告诉他：'书籍大学。'"（1964, p. 179）

接下来的例子非常有趣，因为它们证实了语言与语文能力的培养可以从阅读中"获取"，或是从家庭语言和第二语言的读物而来。以下的两个例子中，主角本身都没有意识到在阅读过程中他们已经进步了。

下面是Segal（1997）描述的L的故事。L是个17岁、

• 麦坎X在狱中自学时以阅读为主。

读十一年级的以色列学生。L在家跟从南非来的父母说英文，但是英文写作对她来说却非常困难，特别是在拼写、词汇和写作风格上。Segal是L十年级时的老师，她试过用各种方式帮助L。

她说："纠正错误的方式完全无效。L试着改正自己的错误，也试着将正确的词抄写到她的笔记本中，不过全不管用。L的文章还是词不达意，她的词汇也很贫乏。在写作前我们一起讨论文章的结构和对文章的想法，不过进步仍非常有限。连续六周，我每周都让L练习拼五个常用的词，并且在课后以没有压力的方式测验她。一开始L表现得很好，但是六周要结束时，她又开始拼错之前已经会拼的单词。"

L的妈妈也帮她请了个家教，不过进步还是十分有限。

Segal继续当L十一年级的老师。在学期初她布置了写一篇论文的作业。当论文收上来时，她发现了L不可思议的变化。

"当我读到L的论文时，我愣住了。在我眼前的是篇几近完美的论文，没有拼错的词，段落分明，清楚地陈述想法，并且言之有理，词汇的运用也进步了。我在惊喜的同时也有不安的感觉。"

Segal后来发现了L进步的原因：她在暑假中变得爱念书。L告诉她："我以前很少看课外读物，不过这个暑假我去了图书馆，并且开始阅读，之后就欲罢不能。"L十一年级时一直保持出色的英文表现，同时她的阅读习惯也持续着。

• 暑假中的阅读提高了写作能力。

Cohen（1997）住在土耳其且母语是土耳其语，但是她就读于当地的一所全英语中学。这所学校招收学生的年龄从12岁开始，头两年的教学着重在密集的英语学习上。Cohen说，她开学两个月后便开始阅读英文书了，"我尽可能地把握住英文书。我家的英文书藏书量丰富，随手可得……我是本地大英协会图书馆的一员，偶尔也会在书店购买英文读物……中学的第一年，我就已经是一个热爱阅读英文书的人。"

不过，也发生过一件不愉快的事：

有个新的英文老师布置了两项作文作业，她没批改我的作文就生气地把作文退还给我，问作业是谁帮我写的。两篇作文都是我自己写的，我甚至连字典都没用。老师就是不相信，她还指着几个画了线的句子，还有几个单词，问我怎么会认得、写得出它们，因为这些已远超出我这个年级的水平，而我平时也很少参与课堂中的活动。我极度伤心。但不论是在当时，还是许多年后，我都无法说明我是如何办到的，我就是写出了那些句子和单词。

不教也会拼

有很有力的事实说明孩子不用教也能学会拼写。最早证明这点的研究是Cornman（1902）所作的。他花三年时间研究不教拼写对小学生的影响（老师仍会改正学生写错的单词），结论是拼写教学的效果"微乎其微"。在他的研究中，虽然没有教如何拼写，学生的拼写能力仍不断提高，并且表现得和上年同级的学生以及其他学校的学生一样好。[10]

Richards（1920）作了一个类似Cornman的研究。他对78位六、七、八年级的学生进行实验，让这些学生一年都不学拼写。Richards的研究报告指出，这些学生中，68%的学生拼写能力进步超过一般学生一年的学习，20%的学生没有什么改变，只有12%的学生变差了。另一个类似的研究是Kyte（1948）所进行的，他发现拼写能力优秀的学生即使没有接受拼写教学，拼写能力仍持续地进步。

非常年幼的学生也能不用教就学会拼写。Goodman与Goodman（1982）说，他们的女儿Kay在入学前便学习阅读与拼写。六岁时便能正确拼出三年级单词表中58%的词，也能识别表中91%拼法正确的词。

一些学者发现，孩子可以正确拼出相当多课堂中没有学过的词（Thompson, 1930; Curtiss & Dolch, 1939; Hughes, 1966）。而且对于已经学过的词也会表现得越来越熟练（Curtiss & Dolch, 1939），这是不教也能拼得很好的另一项佐证。

• 许多研究都指出儿童可以不用教就学会拼写。

Haggan（1991）发表的证据指出，成人学习第二语言时，拼写能力也可不教就进步。在科威特大学（University of Kuwait）主修英语而母语是阿拉伯语的学生，即使"课程中并没有系统地、明确地教拼写规则"（p. 59），大四学生在写作中犯的拼写错误也比大一学生少。

• 成人学英语，可以不经过教学而提高拼写能力。

教学的效果

前面提过的有关校内自由阅读方案的研究显示，当

自由阅读与直接（传统）教学结果比较时，自由阅读的效果相当于甚至是优于直接教学。若是研究长期的效果，自由阅读更永远是赢家。此外，Snow、Barnes、Chandler、Goodman与Hemphill（1991）指出，单词教学的多寡与阅读理解力和词汇能力的进步之间，在四年的研究中找不出显著的正相关关系。Snow等人也发现，课堂中完全只用一种基础读物或是练习册，与阅读理解力的进步是负相关关系。但是若把练习册当成家庭作业，则与阅读理解力的增加会是正相关关系。这个结果与本节中所呈现的其他例子并不一致。

针对自由阅读对拼写能力影响的研究还没有一致性的结论，显示教学对拼写能力影响有限的佐证却不少。Rice（1897）宣称，没有发现学生学习拼写的时间与拼写表现两者之间的关联性。[11]

另外一项证明拼写教学无效的证据来自Brandenburg（1919）的研究，他指出：经过一个学期"持续不懈且明确地"标明大学生在心理学报告中所犯的拼写错误后，学生的拼写正确性并没有提升。

Cook（1912）的研究发现学生很难学习和应用拼写规则。Cook让96位高中生和大学生做拼写测验，其中包含一些可套用前一年所学的拼写规则的词。他发现拼写正确率与下列三者都无关：（1）学生自称知道拼写规则，同时在测验中运用了这些规则；（2）学生自称知道拼写规则，但没有在测验中运用这些规则；（3）学生自称完全不清楚拼写规则。此外，大学生在测验中表现得较好，

- *FVR 几乎永远优于直接教学，不论是在：*
  - ·*阅读测验*
  - ·*词汇测验*
  - ·*写作测验*
  - ·*语法测验*

- *几乎所有学生的拼写能力在拼写教学后都只进步一点点。*

但是高中生却比大学生更清楚拼写规则，这证实知道拼写规则和拼得正确之间缺乏关联性。[12]

　　我只找到两个指出拼写教学有明显成效的研究。Thompson（1930）的研究中，教学造成拼写能力进步的效果，至少优于没有接受拼写教学的学生一年半以上。而我也曾指出（Krashen, 1989），Thompson研究中的学生花了非常多的时间在拼写练习上。Hammill、Larsen与McNutt（1977）研究那些接受过拼写教学的三、四年级学生，他们的拼写能力远远领先于没有上过拼写教学课的同年级学生。不过这个优势在五、六年级时就消失了。到了五、六年级，上拼写教学课和不上拼写教学课的学生在一个标准拼写测验中，正确率的表现不分上下。当拼写教学有用时，可能也只在帮助学生成功拼出学生自己就能学会拼的词。[13]

　　Wilde（1990）估计通过直接教学学会拼一个词平均要花20分钟。她的思考逻辑是这样的：拼写课程每年约教720个词，每天约花15分钟，或是每年花45小时。学生在上课前可能已经学会了65%要教的词，另外的12%学生在一年的过程中不经意地就学会了，也就是一共有77%是不教就会的。假设学生能掌握生词表上95%的单词（这是乐观的估计），这意味着教学只教会720个词中的18%（95%减去77%），即130个词。以一年花45小时学习拼写来算，平均学会拼一个词要用20分钟。

　　一系列可溯自1935年的研究证实，语法教学对阅读与写作没有影响（参见Krashen, 1984与Hillocks, 1986

的评论）。新西兰研究（Elley, Barham, Lamb, & Wyllie, 1976）或许是其中最彻底的一个。在该研究中高中生被分为三组：第一组在英文课中接受传统的语法教学，第二组接受改变形式的语法教学，第三组不学语法。一连三年，学生每年都接受测验。Elley等人发现，三组学生不论在阅读理解、写作风格、写作技巧或词汇等方面都没有差别。研究者的结论是："很难不下这样的结论，就是不论是传统的还是改变形式的语法教学，实际上对一般高中生的语文发展都没有影响。"（pp. 17-18）学习复杂的语法结构对阅读（或写作）没有帮助。更确切地说，通晓复杂的语法规则是阅读的成果。[14]

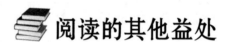 阅读的其他益处

阅读的乐趣

如果你没有这种经验，那么让我告诉你，对某些人（例如我）来说，阅读一本好书，让自己沉浸在文字与思想的趣味中，是种无与伦比的幸福。（Asimov, 2002, p. 18）

> • 愉快假设：能够提升语言能力的教学活动一定是充满乐趣的。但是有趣并不保证对语文学习有帮助。

我曾提出愉快假设（pleasure hypothesis）（Krashen, 1994）：能够提升语言能力的教学活动一定是充满乐趣的。当然，仅只是有趣的活动并不一定对语文学习有帮助，有些有趣的活动完全没有帮助。充满乐趣并不能保证有效。不过有意思的是，有充足证据显示，自由自主

的阅读会让人觉得充满乐趣。

证据包括Csikszentmihalyi（1991）的心流（flow）研究。心流是当人们专注而轻松地投入某种活动时所达到的一种心理状态。当人们处于心流状态时，日常关注的事，甚至是自我的感觉都会消失，对于时间的感觉也改变了，活动以外的其他事情都觉得无关紧要。跨文化研究结果显示，在各种不同文化与群体的组成分子中很容易发现心流状态。例如，日本的摩托车帮派分子在骑车过程中会经历心流（Sato, 1992），攀岩的人在攀爬过程中也会体验心流（Massimini, Csikszentmihalyi, & Della Fave, 1992）。

特别要注意的研究发现是，阅读"大概是目前全世界最常被提及的心流活动"（Csikszentmihalyi, 1991, p. 117）。这项发现与享受阅读乐趣的人所说的结果相符。一位北意大利韦尔斯的居民说，每当他阅读时，就会"立刻沉醉在阅读中，而平常担心的问题都会消失无踪"（Massimini et al., 1992, p. 68）。Nell的一位受试者说："阅读让我从日常生活中难以忍受的……逃离出来……每天在我阅读《垃圾》（一本杂志）的几个小时里，我得以逃离周遭的人、事、物，还有逃离我自己的烦恼和不满。"（Nell, 1988, p. 240）Nell引用的W. Somerset Maugham的话也有类似的意思："与人交谈一段时间后我就觉得厌倦，游戏使我感到疲劳，而我的思路，那个据说是理智的人永不干涸的源泉，也像是要逐渐干涸似的。然后，我飞向书本的怀抱，就像是吸鸦片的人奔向他的烟杆。"

• 阅读是最常被提到的"心流"活动。

29

阅读的力量 • *The Power of Reading*

（Nell, 1988, p. 232）

有数个研究都证实，学生对校内自由阅读的偏爱胜于传统的语文课。

Bailey（1969）访问了22对其子女参加校内自由阅读的父母，询问他们的孩子对校内阅读方案的反应。当被问到"你的孩子曾抱怨在教室中阅读吗？"，22对父母对于这个问题的答案都是"没有"；当被问到"你的孩子今年变得更爱阅读，还是更不爱阅读？"，21对父母回答"更爱阅读"，1对父母回答没什么改变。

Gray（1969）询问27位刚结束为期一年个别阅读方案的学生："如果要你再选择一年的阅读方案，你会选择哪一种呢？"，27位学生全部都选择独立阅读。

Greaney（1970）比较两组都柏林的六年级学生，发现学生显然比较喜欢自由阅读，而比较不喜欢传统的语文课。在该研究中，每组学生每天都有四十分钟的阅读课，实验组学生可以选择自己想看的书，并且以自己的阅读速度读完它。八个月后课程结束时，将阅读课评为有趣课的实验组学生显著多于上传统阅读课的对照组学生(表1.4)。

表1.4 自由阅读vs.传统语文课

等级	自己选择	传统
非常有趣	28	8
还算有趣	9	13
中性—无趣	3	17

• *学生喜欢自由阅读胜于传统课程。*

资料来源：Greaney (1970).

Ivey与Broaddus（2001）访问23所学校中1765名六年级学生，询问他们最喜欢语文课中的哪种活动，自由阅读时间（63%）和老师朗读（62%）显然是位居前列（学生可以选择多种最喜欢的活动）。

McQuillan（1994）访问学习大学通俗文学课的外语学生和第二语言学生对通俗文学课的看法。McQuillan让学生比较自主选择阅读、指定阅读和语法教学，"根据你这门课和其他第二语言课程的经验，哪一种方式让你觉得最快乐：指定阅读、自主选择阅读，还是语法？"

由于外语学生和第二语言学生的回答相似，McQuillan将两者的答案合并。全部49位学生中，55%觉得指定的通俗读物比较令人快乐，29%投票给自主选择阅读，而16%投给语法。

McQuillan提到，较多人喜欢指定阅读可能是因为这些读物"以前就非常受学生的欢迎"（1994, p.98）。因此，教师指定的这些读物肯定是既好看又容易取得。McQuillan还问道："若是在阅读通俗文学和学习语法中二选一，你会比较喜欢哪一个？"80%（n=39）的学生说比较喜欢阅读通俗文学作品。其他关于外语学生对自由阅读有积极态度的研究，还有Rodrigo（1997）与Dupuy（1997, 1998）的研究。

Nell（1988）提出有趣的证据说明为何睡前阅读是如此迷人。Nell让喜爱阅读的受试者在睡前读一本自己挑选的书，在他们阅读时测量他们的心跳、肌肉活动、皮肤电位，以及呼吸速率。这些测量项目的变化情况会

和做其他活动时的情况作比较，例如闭眼休息、倾听环境中随机产生的声音、在脑中做计算，以及从事与视觉有关的活动。Nell发现，与闭眼休息相比，阅读时那些测量项目的变化会增加。不过，阅读结束后的一段时间内变化明显减弱，有些个案的变化甚至会降低至基准线（闭眼休息的情况）以下。换言之，睡前阅读时变化虽会增加，但是之后却会使人放松。Nell另一个与此相符的发现是，睡前阅读是很普遍的活动。26位喜爱阅读的受访者中，有13位每晚睡前都会阅读，而有11位则是"几乎每晚"或"多数的晚上"都会进行睡前阅读（1988, p. 250）。

• *睡前阅读为何如此令人愉快？*

Robinson与Godbey（1997）整理1965年到1985年之间所作的调查，证实了阅读的乐趣：成年美国人一直将阅读评为令人身心愉悦的活动。1985年他们调查2 500位成人，以10分为满分的愉快程度中，阅读书籍和杂志得到8.3分，嗜好得7.5分，电视得7.8分，而与人交谈是7.2分。

研究文献中也充满了非正式的记录支持小孩喜爱在学校中阅读这一论点。Johnson（1965）说，当他允许六年级学生进行消遣式的阅读时，就不会有秩序问题，而且当自由阅读时间结束时，学生偶尔还会要求被给予更多的阅读时间。Petre（1971）描述马里兰州公立学校的35分钟"阅读休息时间"（reading breaks）的影响："当阅读休息时间一开始，全班就出奇的安静……一位中学校长说自从他们学校开始营造阅读环境以后，发生的纪律问题降低了50%。"（p. 192）

Pilgreen（Pilgreen & Krashen, 1993）的研究中将英

语作为第二语言的学生非常喜欢持续默读：56%的受试者说"非常"享受这段阅读时光，38%的人说"有点"享受这段阅读时光，只有7%的人说"仅有一点点"享受这段阅读时光。Sadowski（1980）有个相似的研究，他问高中生对7周持续默读课程的想法："所有作答的人中（占全体的48%），58%给予这个阅读方案高度评价，并且希望能持续下去，只有 0.09%给予非常负面的评价，同时希望取消这个阅读方案。"（p. 724）

Davis与Lucas（1971）花一年时间研究七年级与八年级学生的自由阅读情况，并且记录道："学生几乎没有例外地接受了这样的阅读方式，并且希望明年可以继续下去……中心的指导老师接到许多抱怨，说50分钟的阅读时间不够，希望至少能延长成一小时。"（p. 743）

Thompson（1956）发现："大部分采用自主选择书目阅读的老师对它的评价是：'我喜欢，因为学生喜欢。所有学生的纪律问题都解决了。'有位老师问道：'要如何才能让学生停止阅读呢？我的方法是在他们休息完进教室时立刻把书拿走，然后在上完拼写与算术时再立刻将书拿出来朗读。'"（p. 487）

Oliver（1976）说，持续默读有"安静效应"，可以让四、五、六年级的学生静下来，而且"对有潜在行为问题的学生形成约束"（p. 227）。Farrell（1982）说，初中学生在持续默读当中会表现出"下课铃响了也不愿（将书本）放下"的现象（p. 51）。

结束这令人愉快的一节前，我还想提两个不怎么让

人喜欢的校内自由阅读例证。Minton（1980）研究一个学期的持续默读对高中生的影响。学生与老师对这个阅读方案都持否定态度（只有19%的学生觉得这是个"超棒的想法"），而且在持续默读方案结束后都不太想再继续阅读，28%的人在阅读方案完成后仍会阅读一本书，而推行阅读方案前则是55%。Minton讨论了几个可能造成这次持续默读失败的原因，其中我认为最主要的是持续默读被安排在每天相同的时间。这种安排非常怪，也很扰人，因为在那个时间，有些学生在上体育课，有些学生则在上工业艺术课等等。

第二个负面的报道来自Herbert（1987）的研究。在这项研究中，七、八、九年级的学生大都对持续默读持否定态度。Herbert有说明调查问卷的内容，但没有提供持续默读进行方式的细节。不过，她提到大部分学生对阅读一般性的读物是持积极态度的。

Yoon（2002）回顾数个持续默读的研究文献后说，参加持续默读的人在态度问卷中表现出较好的态度。不同于这节中想推崇的观点的是，持续默读的效果普通，并且仅对三年级或更小的孩子有明显的效果。Yoon的文献回顾中包括几篇未发表的博士论文，而他的研究方法则依赖正式问卷调查，这就解释了研究结果为何不同〔关于阅读态度量表的有效性（validity）与限制讨论，请参见Von Sprecken & Krashen, 2002〕。[15]

阅读与认知发展

　　阅读会影响认知发展是几乎没有异议的事，不过要找到直接证据来证明这点，却出人意料的不容易。Ravitch与Finn（1987）在他们名为《我们的十七岁年轻人知道些什么？》（*What Do Our 17-Year-Olds Know?*）的研究中发现，阅读量越大的17岁年轻人了解的知识也越多：在居住环境中能接触到较多出版物的人，一般在历史与语文测验上表现较好；同时，语文测验的结果与闲暇时的阅读量成正相关。Stanovich与Cunningham（1992）证实，即使在非语言因素被控制的情况下，阅读量较大的大学生，同样在Ravitch与Finn进行的历史和语文测验中表现得较优秀。

- *读得越多，知道得越多。*

　　阅读量大的人也在各种文化测验中表现得较佳。West与Stanovich设计了一项文化素养测验——一张包括30位名人名字的测验表，其中包括艺术家、娱乐节目表演者、探险家、哲学家与科学家。即使控制了其他因素，例如SAT（Scholastic Assessment Test，学术能力评估测试）分数（West & Stanovich, 1991）、年龄、受教育程度、看电视时间（West, Stanovich, & Mitchell, 1993）与非口语的能力（Stanovich, West, & Harrison, 1995），经常阅读的受测者都表现得较好。Stanovich与Cunningham（1993）在一项"实用知识"测验和一项科学与社会研究测验中，也

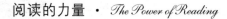

发现类似的结果。Filback与Krashen（2002）在一项成年基督徒的研究中发现，自愿阅读圣经的时间能有效预测圣经知识，但是正式研究圣经的时间却不能。

善于思考的人较爱阅读

研究"善于思考"的学生使我们相信阅读能使人更聪明。因此，善于思考的人可以被定义成爱阅读并且已经阅读过许多书的人。Simonton（1988）作结论道："幼年与青少年时期无所不读的经历，与这个人此生最后的成就之间有正向的关系。"（p. 11）Schafer与Anastasi（1968）记述说，被认为有创造力的高中生比一般学生更常阅读，许多有创造力的高中生说他们一年阅读超过50本书。Emery与Csikszentmihalyi（1982）研究15位出身蓝领家庭但最终成为大学教授的人以及15位成长于相似家庭背景长大后仍是蓝领阶层的人，发现大学教授小时候的成长环境有比较多的读物，同时也阅读了比较多的书。[16]

阅读与写作恐惧

自由阅读还有其他好处。Lee与Krashen（1997）认为读得越多的人越没有"写作恐惧"，因为他们驾驭文字的能力比较好。他们对中国台湾高中生的研究指出，阅读量与写作恐惧量表的分数之间呈现中等的负相关（也可参见Lee, 2001）。这中等程度的负相关（r = -0.21）也可能来自其他影响写作恐惧的因素，例如对写作程序的熟悉度。不过，这个研究结果与Daly与Wilson（1983）的研究结果一致，Daly与Wilson指出，不害怕写作的人更能享受阅读的乐趣。

结论

在一对一的比较中，阅读总是比直接教学更有效。其他研究也证实直接教学的效果有限，甚至无效。从这些研究结果中，我们可以下个简单的结论：阅读对于培养阅读理解、写作、词汇、语法和拼写能力相当有利。此外，有证据显示阅读还能使人愉快，提升认知发展，以及降低写作恐惧。

一种诠释

研究显示阅读能增强语文能力的培养，也产生一个基本确定的结论：阅读很有益处。不过研究其实支持一个更强有力的结论：阅读是唯一的方法，唯一能同时使人乐于阅读，又培养写作风格、建立足够词汇、增强语法能力以及正确拼写能力的方法。

• 阅读是唯一方法。

有两个原因让人不需怀疑这个结论的正确性：第一，阅读的"对手"——直接教学没有什么功效；第二，其他领域的研究和理论也都支持这个结论。早期阅读发展的研究学者断言"我们从阅读中学会阅读"，也就是我们在试着弄懂书页上看到的东西的过程中学习阅读（Goodman, 1982，也可参见Flurkey & Xu, 2003; Smith,

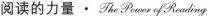
1994b）。在我自己对语言学习（language acquisition）的研究中也作出过以下结论：只有一种学会语言的方式，就是在低度焦虑的情况下了解信息，或是"输入可理解的"信息（如Krashen, 2003a）。这正是自由自主阅读的真谛：我们可理解的信息是在低度焦虑的情况下呈现的。

如果这个结论正确，如果阅读是增强语文能力唯一的方法，那么我们必须重新考虑、分析现在以反复练习（drills and exercises）教授语文和培养语文能力的方式。当我们以这种方式教授语文时，我们只是在不断考试而已。换言之，传统的语文教学仅是测验，而这种测验方式能让在书香环境中成长的幸运孩子顺利通过，而那些不幸生长在图书资源不足的环境中的孩子则会失败。

让我更具体地解释这一问题，每个星期一，数以千万计的语文课中，学生都会得到一张列有20个生词的学习单。接下来的一个星期中，他们得做"技能培养"的练习：连连看——将单词与对应的词义用线连起来，将单词填入适当空格中，用每个生词各造三个句子。星期五时便要接受针对这些单词的测验。

如果将这20个生词给成长在书香环境、有阅读习惯的孩子看，他可能已经认识其中的十五六个单词。他可能早在《选择你自己的探险经历》（*Choose Your Own Adventure*）、《哈利·波特》（*Harry Potter*，人民文学出版社出版）和《蝙蝠侠归来》（*Batman Returns*）中，便见过这些词了。若是上课认真，他的成绩就能得"A"；即使不那么认真学习，也能得个"B"。

• 反复练习的直接教学方式只为应对考试。

　　若是把这20个生词给成长环境中缺乏读物的孩子看，那情况就大不相同了。他或许认得五六个词，如果他非常努力学习，也许可以得个"D+"。对这群孩子来说，直接的语文教学不过是让他们不及格的考试罢了。和受虐儿一样，他们都将失败的原因归咎在自己身上。[17]

　　成长在缺乏图书资源的环境中的孩子，通常是如何表现的呢？即使给他更多的练习，结果依然是徒劳无功。Richard Allington（1980）发表的文章标题总结了研究结果："阅读能力不佳的学生在阅读小组中也无法读得更多。"阅读能力好的人被允许有更多的自由阅读，阅读能力跟不上的学生被要求写更多的测验单、作业和练习，这些都只能进一步加深两者阅读能力之间的鸿沟。

　　巴比安娜的男学生（Schoolboys of Barbiana），8名无法在意大利教育体制中获得成功的青少年（Schoolboys of Barbiana, 1970），认为学校教育就是考试而已。他们彻底分析在学校中失败的原因，发现学校里存在着无法否认的社会阶层偏见：不管在哪个年级，贫穷家庭的孩子失败的比例都高于家长是专业人士的孩子。根据巴比安娜的男学生的分析，失败孩子的家长经常会将责任归咎在这些孩子身上：

　　其中最穷的家长……根本不曾想过到底情况是如何……若是孩子在学校的功课表现不佳，那么一定是孩子生来就不是块儿读书的料。"甚至连老师都如此说。他真是位绅士，他要我坐下，把孩子的记录本拿给我看，里面的考试卷上都是红色的标记。我想是老天不保佑，没让我们生个聪

- 爱阅读的人能通过词汇测验，不爱读书的人则不及格。

- 阅读能力不佳的学生会做更多无济于事的练习。

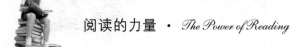

明的孩子。他以后一定会和我们一样去做工。"（p. 27）

巴比安娜的男学生将自己的失败归咎于不同的原因。其中一个是成绩好的学生，早在入学前便已具备语文能力。

中学（六到八年级）教师觉得他们是在教语文能力，因为他们看到了学生的进步："当学生刚进入初中（六年级）时，他们实在是语文能力不足。但是现在他们的作业都写对了。"实际的情况是语文能力比较差的学生都已经因为跟不上进度而离开了学校：

> 她说的是谁呢？她一开始收到的学生哪儿去了呢？现在留下来的那些都是一入学便能正确书写的学生，可能三年级时就写得很不错了，他们都是在家里便学习写字的学生。
>
> 那些一开始在她班上语文能力不足的学生现在一样还是语文能力低下，只是她眼不见为净罢了。（1970, p. 49）

巴比安娜的男学生作结论道，问题得在学校中解决：

> 有时候，放弃他们（贫穷家庭的孩子）的诱惑太强。但是如果我们放弃了他们，那学校还成学校吗？它就会像个只照料健康人却拒绝病人的医院。学校成了不断加深已经存在的鸿沟的地方。（1970, pp. 12–13）

1 表1.1中的数据来自下列研究：

持续时间少于七个月：

• 语文能力低下的学生先是无法完成学校作业，然后辍学。

更好：Wolf与Mikulecky，1987；Aranha，1985；Gordon与Clark，1961；Halt与O'Tuel，1989（七年级）；Huser，1967（六年级）；Burley，1980；Mason与Krashen，1997（第一项研究：广泛阅读）；Shin，2001。

没有差异：Sperzl，1948；Oliver，1973、1976；Evans与Towner，1975；Collins，1980；Schon、Hopkins与Vojir，1984（Tempe）；Sartain，1960（"优秀阅读者"组）；Summers与McClelland，1982（三组）；Huser，1976（四、五年级）；Holt与O'Tuel，1989（八年级）；Reutzel与Hollingsworth，1991。

更差：Lawson，1968；Sartain，1960（"阅读速度较慢"组）；San Diego County，1965。

持续时间为七个月至一年：

更好：Fader，1976；Elley，1991（新加坡，P1调查）；Jenkins，1957；Manning与Manning，1984（同龄人互动组）；Bader、Veatch与Eldridge，1987；Davis，1988（中等程度的阅读者）；Mason与Krashen，1997（四年制大专生研究，广泛阅读）；Mason与Krashen，1997（两年制大专生研究，广泛阅读）；Lituanas、Jacobs与Renandya，1999（广泛阅读）。

没有差异：Manning与Manning，1984（纯粹持续默读）；Manning与Manning，1984（实习教师研讨会组）；Schon、Hopkins与Vojir，1984（Chandler）；Schon、Hopkins与Vojir，1985（七、八年级）；McDonald、

Harris与Mann，1966；Davis与Lucas，1971（七、八年级）；Healy，1963；Davis，1998（高能力阅读者）。

持续时间超过一年：

更好：Elley与Mangubhai，1983（四、五年级）；Elley，1991（新加坡，样本人数512人）；Elley，1991（新加坡，P3调查）；Aranow，1961；Bohnhorst与Sellars，1959；Cyrog，1962；Johnson，1965。

没有差异：Cline与Kretke，1980；Elley等人，1976。

Davis（1988）的研究结果是中等能力组的学生进步幅度最大（达到一整年的进步），但是高能力组的学生则是阅读组和对照组在统计上没有显著区别。不过，高能力阅读组的学生比高能力对照组的学生多进步5个百分点（5个月）。另外，高能力组学生进步幅度不够大可以解释如下：持续默读对较不成熟的读者最有效，阅读能力已经非常杰出的学生，阅读能力可能无法从每天的持续默读中进步明显。Cline与Kretke（1980）的长期研究指出，阅读能力的增加并无区别。只不过他们的研究对象是初中生，同时他们的阅读能力已经超越两年的水平，因此可能早已建立了阅读习惯。

在Manning与Manning（1984）的研究中，参加持续默读的学生的进步程度比对照组大，不过数据统计上的差异并不明显。当学生能够与其他同学互动，也就是彼此可以讨论阅读内容和分享书籍时，持续默读的效果就明显比传统教学的效果好。

国家阅读小组（National Reading Panel, NRP）（National Institute of Child Health and Human Development, 2000）声称Burley（1980）研究中指出的阅读优势非常小。他们将参加持续默读的学生与另外三种情况的学生作比较，其中一个测量的整体F值是2.72（$p < 0.05$），另一个测量的F值是8.74（$p < 0.01$）。Burley并未详细说明追踪比较的结果，只是说阅读组的表现较佳，因此无法从提供的数据中计算有效尺度（effect size）。不清楚国家阅读小组是如何作出差异非常小的结论，尤其是考虑到研究只持续了6个星期，而阅读时间也只有14个小时。Shanahan（2000）对我的评论的反应是："问题不在于统计数据，而是研究设计。在该研究中每个组别（treatment）的学生都由不同的老师来教，而且学生也不是随机被安排到每一组。要想明确把差异归因于各组教授阅读方式的不同是不可能的。"这样说并不正确，因为：学生的确是随机分组的（Burley, 1980, p. 158），而四位教师也是随机指派的。除此之外，持续默读组的学生表现得比另外由三位不同教师教的三组学生都要好。

国家阅读小组将Holt与O'Tuel（1989）的研究结果解读为阅读组和对照组之间没有阅读理解力的差异。这项研究包含两组研究对象——七年级与八年级学生。根据文章的叙述，两组研究对象的阅读测验结果都显著地比较优异。文章也说七年级学生的差异达到显著水平，但是八年级则没有。不过，文章中表2的七年级阅读测验结果则显然未达到显著水

平。根据后测平均所算得的七年级有效尺度（我的计算结果）足足有0.58，但是八年级则只有0.07。国家阅读小组并没有提到这点差异。我将这样的研究结果归为分裂的结论（split-decision）。

2 Tsang（1996）的研究指出，放学后参加为期24周广泛阅读计划的中国香港初中与高中生，写作能力都比另外两组参加普通教学计划和写作计划的学生进步得多。阅读组学生在了解内容和语句使用上都进步许多，但是在词汇、语言组织或文章结构上则没有明显进步。Tsang认为词汇没有进步的原因可能跟阅读的内容有关（分级教学读本），或是写作测验的广度不足，以致无法测出学生词汇能力的进步，或者也许是所测文章主题并不需用到太多新的词汇。

Tudor与Hafiz（1989）以及Hafiz与Tudor（1990）也指出，参加完持续默读计划后，学生在写作文时也并没有使用更多样的词汇，这样的结果可以用作文题目的性质以及阅读的范围来解释。此外，这些研究持续的时间都相当短，不超过一学年。

Renandya、Rajan与Jacobs（1999）研究49位在新加坡接受两个月密集英文课程的越南官员，上课前这些人的英文程度介于"低等到中偏高等"。

他们接受的英文课程中一部分含有广泛阅读：学员可选择阅读20本英文书，或是至少读800页书。重要的是，这些课程设计是鼓励学员选读理解起来不费力的书、有趣的书，并可以选择广泛的题材。读完一本书后，学员要写一篇短的总结。教师会对总结的内容写一些建议，但是很少强调写作方式。问卷结果证实学员认为阅读有趣、易懂，也让人快乐。
Renandya等人的报告中说：阅读得越多的学员在一项非专业英文测验（测验项目包括听力、阅读、语法、词汇）中进步得越多（r＝0.386）。这项预测指标在多重回归分析（multiple regression analysis）中也适用，也就是说即使将其他因素也考虑进去（例如：来新加坡之前阅读英文的时间量），它仍是非常显著的变量。

虽然这项研究中没有对照组，结果仍非常有启发性。很难想出还有什么其他因素造成英文成绩的进步。例如，也许有人会说读得越多的人一般是学习动机较强的人，同时也是较认真学习语法与词汇的人。不过我认为直接学习语法对语法能力的提高效果不大（例如Krashen, 2003a）。最后，也许有人会说，成绩进步或许是由撰写阅读总结造成的，但是本书第三章的文献回顾，以及前面提到的Tsang的研究结果都指出，增加写作量并不会增加阅读的力量。

3 Elley（1991）的论文中也有一些关于人们对校内自由阅读反应的精彩讨论。有些成人关心自由阅读对孩子考试成绩是否有帮助。Elley的研究数据显示，自由阅读学生的考试成绩良好，事实上比参加传统语法课的学生表现得好。我的观点是自由阅读学生不可能考不好：因为阅读，学生潜意识地已经吸收或学会许多写作手法，而且自动地、本能地将它们使用出来。事实上，我想大可以说阅读好的人写出的东西几乎都在可接受的程度，要想写得不好都很难。另一个许多大人常顾虑的事是自由阅读的孩子

"几乎只享受独处时光"。不幸地，这种学习语言必须是痛苦的想法似乎还很普遍。

4 美国政府支持的国家阅读小组也研究校内阅读的成效，但却作出令人咋舌的结论：没有明确证据支持校内阅读的效果（National Institute of Child Health and Human Development, 2000）。他们只找到14组比较阅读组与对照组的研究，而且每个研究持续的时间都不超过一学年，并且在冗长的报告中只用了6页就交代完了关于校内阅读的研究（相比较之下，关于自然发音法教学的研究大约占了120页）。

有趣的是，虽然关于校内阅读的篇幅极少，处境倒也没那么糟。有4项研究结果显示阅读组表现得较好，但没有任何一个研究说阅读组的表现较差。之前曾经谈过，即使发现阅读的效果只是与对照组"没有分别"，也表示阅读的效果与传统教学方式一样好。基于阅读更能让人愉快，并且能带来培养语文能力以外的益处，因此应该是更可取的方式。

我也曾指出（Krashen, 2001）国家阅读小组不但遗漏了许多研究，在他们所选择的研究中，还错误地解释了其中一些研究结果。

5 曾有人主张，这些研究中中学生所掌握的词汇并不足以解释学生整体词汇量的增长，或成人的词汇量增长（Horst, Cobb, & Meara, 1998; Waring & Takakei, 2003）：曾有人估计，一个五年级学生每年每阅读100万词约可增加数千词的词汇量，这就足以解释成人的词汇量增长情况了。如果有趣的读物随手可得，那么100万词对中产阶级学生而言只是个平均的阅读词数（Anderson, Wilson, & Fielding, 1988），不难达到。例如，一本漫画大约包含2 000词，青少年浪漫文学，像是《甜蜜谷高中》系列（Sweet Valley High series），包含4万至5万词（Parrish & Atwood, 1985）。

Horst、Cobb与Meara（1998）发表的报告中说，在他们的研究中，受试者读完一本2万词的书以后，只多认识了5个词。若是利用外插法估计，一年阅读100万词，则词汇只会增加250个。不过这个研究用的方法很奇怪：故事由老师在6堂课中朗读，学生则是跟着老师读。如此做是要确保学生读完全部的故事，同时避免在阅读过程中查字典。Horst等人向读者保证学生在跟读过程中"非常投入故事中"（p. 211）。不过使用这种方法，学生就无法自己掌握阅读进度，不能重读一个句子，也不能稍做停顿。此外，学生也可能从故事中学到一些词，但是测验中并未考出来。这种情况在这个研究中非常可能发生，因为老师选用了一个非常长的故事（不过与下面要谈的Waring与Takakei不同，后者采用有控制词汇数的分级读物）。最后要提的是，Horst等人使用的测验并没有让学生有加分的机会。

Waring与Takakei（2003）的读后测验研究中指出遗忘很快就发生了：他们在日本让学习中级英文的成人受试者阅读大约6 000词的分级读物，其中包含25个被替代的词（例如yes变成yoot、beautiful变成smorty）。替代的词出现1次到18次不等，阅读时间大约1小时。读完后立即测验的结果显示受试者约能

答对10道选择题，以及5道翻译题。但是三个月后再测，成绩降成答对6道选择题和1道翻译题。如此低的成绩很难说有词汇上的进步。在Waring与Takakei的研究中阅读6 000词后多认识一个词，推算阅读100万词所能增加的词汇少于200词。

这个研究结果表示词汇的累积是分布式（distributed）以及逐渐增加的（incremental）。也就是说，能够分散地或是隔一段时间遇到生词的效果最好，阅读中生词的学习是一点一滴累积的。

研究证实分布式的练习（随时间分散）对于某些记忆的方式远比集中式（massed）的练习（全部集中在一次）有效。Bustead（1943）复制Ebbinghouse的研究，得到的结果与此相关。受试者仅仅是在间隔不等的时间中念一段文章（并不试着去背它）数次，若是念一段200行诗许多次，每次之间间隔一小时，Bustead说大约要读24次，相当于229分钟的阅读时间，才可以背诵这首诗。若是每次阅读的间隔为48小时，则需读10次，或是花费95分钟。若是阅读间隔为192小时，则只要读8次，或是77分钟。分散地接触这些读物可以使阅读效果增加三倍，同时我们很重视它在延宕测验（delayed tests）中展现的有力效果（关于此研究的回顾请参见Willingham, 2002）。在自由阅读的过程中遇到生词就有分散阅读注意力的效果。Waring与Takakei研究中的阅读只持续一小时，便是集中阅读的例子：受试者在读完后与延宕测验前都没有机会再遇到这些生词，因为它们是捏造出来的，不会在正常的英文中出现。这就解释了它们为何会被快速遗忘（这也很可能可以解释为何《发条橘子》书中的耐第赛字在三个月后就被遗忘，不过，又不像Waring与Takakei的研究中遗忘得那么快，因为《发条橘子》被阅读的时间较长，持续数天，而不是只集中在一小时）。

Swanborn与de Glopper（1999）发现，测验中若受试者只知道部分词义，但也相应地给他们部分分数，则会显示出较高的词汇学习率。这表示许多词并不是在阅读时一下就能学会，而是"点滴逐渐累积"（small increments）的。任何时候都会有我们熟知的词、不认识的词和半生不熟的词。Twadell（1973）认为，"我们可能'知道'非常多不同程度、意义模糊的词，这些词像是处于全然不知的黑暗与完全熟知的光明之间的幽暗地带。"（p. 73）（请参见Wesche & Paribakht, 1996的另一种测量知道部分词义的词汇的方法。）

Waring与Takakei的翻译测验就允许部分给分，不过据他们说很少有人得到部分分数。这可能是因为受试者不愿猜测答案。此外，他们规定只有在写出有"相似意义"的词时才能部分给分，若是写出部分语意类似的词形则不得分。Waring与Takakei的选择题测验没有部分给分的机制，干扰项（distractors）与正确答案的选项在词义上没有重叠之处。如前所述，如果受试者选的干扰项与正确答案间的词义上有相似之处，其他研究人员也能允许选择题部分给分。当评分规则被设计的容易部分给分时，可能会提高测验分数，也更符合词汇量增加的情况。

Laufer（2003）宣称对于学习第二语言的成年人，在写作中使用新的词比从阅读中读到新的词更能有效增加词汇。然而，在她的研究中，会向被研究者提供生词的词义，也允许被研究者查询词义，因此她的研究实际上只是比较了数种有意识地学习单词的方式，如此也就不能算是通过自由阅读而自然地增加词汇量。Laufer也提出一个不寻常的理由来反对依赖阅读增加第二语言的词汇量：课堂中没有足够时间提供给足以培养丰富词汇量的阅读活动（2003, p. 273）。其实，这正应该是主张阅读的理由，因为对学习外语的人来说，休闲阅读（recreational reading）正是少数可以不需教室、不需老师就能投入的活动之一。事实上，它甚至不需要有说外语的人，而学生可以下课后仍一直阅读。要学生上完正式的语言课程后仍然练习造句，几乎是不可能的事。

6 大部分Schatz与Baldwin（1986）采用的文章情境都无助于或是无法"加速"（facilitative）读者成功学会其中的生词。他们使用的文章段落长度只有三句话，而要想学会一个词的意义可能需要超过三句话。看看下面这个Schatz与Baldwin使用的例子："He takes out an envelope from a drawer, and takes paper money from it. He looks at it ruefully, and then with decision puts it into his pocket, with decision takes down his hat. Then dressed, with indecision looks out the window to the house of Mrs. Lithebe, and shakes his head."（p. 443）

从这段短文中很难得知"ruefully"这个词的意思。

若是有更多文章情境（数页，甚至数章）以及对人物和故事情节更深的了解，读者就有更多机会了解这个词的意思。（例如，参见本书中发条橘子研究的相关讨论。）

有些实验研究人员通过重写语句，使文章情境更"有效"或更"细致"（considerate）地帮助受试者学习单词。虽然此类研究中的读者可以从修改过的文章中学会更多单词，读者也一样能从未修改的原始文章中学到相当多的单词（Herman et al., 1987; Konopak, 1988）。

7 参见Ormrod（1986）类似于Nisbet的研究结果以及解释方式。就我所知，Gilbert的研究（Gilbert, 1934a, 1934b, 1935）是第一个指出阅读可增进拼写知识的阅读后测验研究。

8 指定阅读的情况又是如何？若是内容有趣且能理解，那么预测指定阅读可以提升语文能力是很合理的。研究结果也与此相符。Rehder（1980）研究发现，高中学生在上过一学期的通俗文学阅读课后，阅读理解力与词汇都有长足进步。该课程包括指定必读的书和少数自选的书（学生可以从推荐的书单中选出几本）。

Lao与Krashen（2000）针对英语为外语的学生的研究也得出相似的结论。他们比较两组大学程度的中国香港EFL（English as a foreign language，英语作为外语）学生，为期一学期。第一组参加为了了解内容与满足乐趣而阅读的通俗文学课；另一组参加了重视传统学术技能的课程。通俗文学课的学生读

了六本小说，其中五本为指定，一本为自选。他们比传统课组学生在词汇与阅读速度方面都有长足进步。研究人员显然成功地选了让学生觉得有趣的书（也可参见McQuillan, 1994文中的讨论）。

倒不是所有指定阅读都如此成功。O'Brian（1931）的报告中说，对一群五六年级的学生，传统的技能培养方式比广泛阅读的效果更佳。该研究中指定阅读的是社会科学类的主题。Worthy（1998）访问六年级学生，他们说："读那些学校指定的书，有些是挺有趣的，但是大部分都很讨厌。"（p. 513）两年后，当这些六年级学生升成八年级学生，有个男孩在语文课中描述当年的指定阅读是"无聊又愚笨"（p.514）。不过，这些学生本身倒是热爱阅读的人。Bintz（1993）描述了几个原本被老师视为"消极又被动"的学生，但却是积极主动阅读的人。这些不为人知的爱阅读的学生说，他们"猜想指定阅读会很无聊"（p. 611）。一位十一年级学生告诉Bintz："学校指定要读的东西我都不太记得，不过我自己选读的内容倒是几乎都记得清清楚楚。"（p. 610）

当然有很好的理由向学生指定阅读的书（见本书第三章的结论），不过允许自己选择读物也非常重要，因为它保证读物可以被读懂而且有趣。

9 Finegan提供了这样一个例子："vagrant"与"homeless"是同义词，不过"vagrant"带有负面的感觉，而"homeless"则是中性词，甚至还有点正面的意思（p. 187）。

10 请参见Krashen与White（1991）利用现代统计方法

分析Cornman的数据。我们确认Cornman的结论基本上是正确的：没有经过教学的学生，作文中的拼写表现与经过教学的学生一样好。我们发现正式的拼写教学在一些强调形式（单词不在情境中呈现，而是以单词表形式列出）的测验中有特殊的效果，因为这类测验鼓励学生使用刻意的知识（conscious knowledge）。这个发现与目前语言学习的理论相符（Krashen, 2003a）。

11 数据重新分析请参见Krashen与White（1991）。结果符合Rice的主张。与重新分析Cornman（1902；见本章注10）的数据一样，我们发现拼写教学让学生在测验时专注在形式上。

12 Cook也指出，即使学生刚刚才学完拼写规则，许多人根本就想不起来用它们。而想得起来用的学生，真正记得的也比刚刚才教过的规则简单许多："真是太奇怪了，多数刻意引用ie/ei规则的大学生靠的是'Alice'这个词，或是其他帮助记忆的方法，而这些方法只提供线索给11个词（ie/ei规则）中的一两个……受试的学生中，没有一位高一新生说规则是最近教的，但是有4个学生几乎全都答对了……只有3位高三学生说出实际教过的规则，而其他学生说的都是更早以前教的版本，像是'Alice'规则等等。最早学过的规则版本似乎最让人印象深刻。"（1912, p. 322）（"Alice"规则对我来说挺新的，显然它的意思是除了在"c"之后，"i"要在"e"前面。）

13 要强调的是Hammill、Larsen与McNutt的结果也是拼写不教就会的有力证据，这证实了之前的研究。

14 直接教语法对学习第二语言效果有限的证据请参见 Krashen（2003a）。

15 Von Sprecken 与 Krashen（2002）回顾对阅读态度调查的文献后指出，与一般的想法相反，随着孩子逐渐成长，他们对阅读的兴趣并未减少。较大的孩子与年龄较小的孩子比，虽然年纪小的孩子有更多时间压力和其他兴趣，但是他们对阅读的兴趣仍旧很强（也可参见 Bintz，1993）。

实际情况似乎是比较会思考的人比一般人阅读更多的书。不过达到某种程度后，阅读量与思考之间的关系就不那么明确了。Goertzel、Goertzel 与 Goertzel（1978）研究 300 位 "当代卓越人物"（人物选自 Menlo Park 图书馆馆藏中 1963 年后出版的传记）发现，这些人中几乎半数都是 "无所不读的爱书人"（p. 11）。然而，Simonton（1984）重新分析这些资料后发现，"成就" 与阅读量之间的相关系数只有 0.12。Van Zelst 与 Kerr（1951）研究一群科学家（年龄经过控制）后指出，经常阅读专业期刊与产出（论文发表数量与发明）之间的相关系数为 0.26。他们也指出，阅读量与产出能力之间成双峰曲线——有些产出不高的科学家阅读量很大。显然好的思考者的确经常阅读，不过很可能会读得过多（over-read）。Wallas（1926）就注意到这点，并且说 "勤奋而被动的阅读"（industrious passive reading）（p. 48）可能会不利于解决问题。

16 实际的情况应该是主题广泛的阅读（wide reading）显然是有帮助的，但若是为了解决特定问题而阅读，则选择性阅读（selective reading）比较有效，就是只读解决目前问题所需要的东西。Brazerman（1985）提出支持此想法的证据。Brazerman研究顶尖物理学家的阅读习惯发现他们读得非常多，他们还经常到图书馆阅读以使自己能跟上最新的研究趋势。但是他们会区分"核心"（core）与"次要"（peripheral）读物，只有与当时研究兴趣有关的部分才会仔细阅读。

17 研究证实学生间的词汇量差异极大。Smith（1941）发现，事实上有些一年级学生认识的词比高年级学生还多。根据Smith的研究，一年级学生认识的基本词汇量从5 500到32 000个，而十二年级学生则从28 200到73 200个。其他学者则提出较保守的数据，不过结论仍是孩子间认识的词汇量差异极大。White、Graves与Slater（1990）所得出的结论是"主流"学生认识的词比"弱势"（disadvantaged，家庭贫困及成长环境中缺乏图书资源）学生多出50%（也可参见Graves, Brunett, & Slater, 1982）。

Chapter 2
提升阅读兴趣的方法

如果上一章中的主张是正确的，如果自由自主阅读是培养适当程度阅读理解力、写作方式、词汇、语法与拼写的唯一途径，那么它给我们的启示就很明确了：语文教育最重要的目标之一就是鼓励自由阅读，并且将它落实。我们已经说了够多阅读的价值（我最近从超市拿到的购物袋上印着："让阅读成为你满袋的宝藏""开卷＝打开机会之门"），要朝此目标迈进只需多一些努力。

> • 语文教育最重要的目标之一是鼓励自由阅读。

📚 制造亲近书的机会

最重要的一步就是制造与书接触的机会。当然，"你可以牵马去水边，但不能强迫它喝水"。可是，首先我们

得确定那儿有水。当马儿到了水边，它终究会喝水的。

家中接触书的机会越多，阅读也越多

研究结果验证了一个众所周知的道理：当书很容易取得，当环境中充满读物时，阅读就很容易发生。孩子的阅读量与家庭阅读环境相关：阅读量越大的孩子，家里藏书量往往越多（Morrow, 1983; Neuman, 1986; Greaney & Hegarty, 1987; McQuillan, 1998a; Kim, 2003）。

Lao（2003）请一些准教师回想自己在童年与青少年时期的阅读习惯。说自己年轻时不太喜欢阅读的12位准教师，都生长于缺乏书籍的环境；10位说自己小时候便热爱阅读的准教师，都成长在充满书籍的环境中。

教室中的书库越好，阅读也越多

教室里有较多的书籍会提高学生的阅读量。Morrow与Weinstein（1982）的研究报告说，在幼儿园教室中精心布置图书角（library corners），与没有图书角时相比，孩子在自由玩耍的时间中会经常去阅读书，也多了其他的"语文活动"。除此之外，当图书角中的书籍放置在孩子够得着的地方，在孩子容易接触的范围内，而且老师准许孩子把图书角中的书带回家时，孩子自由阅读的量也会增加（Morrow, 1982）。

> • 当孩子在家、学校或公立图书馆能接触到较多书籍，就会阅读较多的书。

学校中的图书馆越好，阅读也越多

充实学校图书馆的馆藏也能增加学生的阅读量。

很久以前我们便知道这一点：Cleary（1939）的报告中说，学校中没有图书馆的孩子平均每4周阅读3.8本书，而学校有图书馆的孩子的阅读量足足是那些孩子的两倍多——平均每周读7.6本书。而且，学校有图书馆的孩子阅读的书"比较优良"，84%所读的书是在"认可的书单"（approved lists）上；相较之下，学校没有图书馆的孩子所读的书只有63%在认可书单上。Gaver（1963）的研究报告指出，能使用学校图书馆的孩子，比只能使用集中管理藏书（无图书管理员）的孩子阅读更多书，而后者又比只有教室藏书的孩子阅读的书多。我重新分析Gaver的数据发现：孩子能取得的图书量与自称的阅读量之间有很强的关联性（相关系数r = 0.72）。在一项囊括41个州与哥伦比亚特区图书馆的阅读研究中，McQuillan（1998a）也发现学校的图书馆越好（藏书越多），学生的阅读频率越高。

学生从馆藏越丰富的图书馆中借出的书越多，开卷时间就越长（Houle & Montmarquette, 1984）。每一项因素都独立影响着书的流通。根据Houle与Montmarquette的研究，增加书的供应量20%会增加10%的借书量；延长图书馆开放时间20%，高中图书馆的借书量会增加17%，小学图书馆则增加3.5%。计划性地参观图书馆也有帮助：McQuillan与Au（2001）的报告中说，高中老师越常有计划地带学生参观学校图书馆，则学生的阅读量越大。

Lao（2003）所研究的"热切的"阅读人之一说，她的父母是积极的阅读人，并且会念书给她听，不过家中

- 学校图书馆的馆藏越多、开放时间越长，学生更常有计划地参观图书馆，会提高书的借阅流通。

的书籍并不多。琳达（Linda）告诉我们，她母亲会从别处借书回来，比如公立图书馆，而学校图书馆对她更是格外重要。"学校图书馆像是我的第二个家。我老是待在那儿，并且喜爱阅读。"

使用公立图书馆会增加阅读量

接触公立图书馆的便利度也影响孩子的阅读量。Heyns（1978）的报告中说，住得离公立图书馆近的孩子阅读得比较多。Kim（2003）的报告指出，五年级学生暑假中的阅读量与学生自称从图书馆借书的容易程度，两者间有高度相关性。

Lao的一位抗拒阅读的受访者〔前面所述Lao, 2003中的依琳（Eileen）〕生长于读物贫乏的家庭〔"家中书本极少……几乎可以说是根本没有"（p. 15）〕，后来因为去了公立图书馆而成为爱阅读的人。四年级时，她发现了Judy Blume的书，从此"开阔她的阅读视野"（p. 16）。（参见后文关于"全垒打"书籍的读书经验讨论。）

Ramos的报告说阅读量的突然增加可能由一次参观公立图书馆所促成（Ramos & Krashen, 1998）。这项研究中，来自书籍贫乏家庭、同时学校的图书馆状况不佳的二、三年级学生，每个月在上学时间内、图书馆开放前，都会被带到公立图书馆。这项措施让孩子得以探索图书馆，使用馆藏，而且不必顾虑是否要保持安静。每个孩子可以借出10本书，如此很快就充实了教室中的图书量，这些书可以用在持续默读的时间中，也可以带回家阅读。

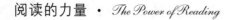

第一次参观图书馆的三周后调查所有孩子及家长，结果显示孩子们很喜欢访问图书馆的活动，大多数学生都说阅读量增加了、阅读变容易了，而且还想再去图书馆。家长的反应和孩子一致，而且似乎表现得更积极。表2.1整理出详细的结果。

表2.1 参观图书馆后的反应

儿童调查结果（人数：93人）	
第一次参观公立图书馆	52%
参观图书馆后又再回到图书馆	62%
参观图书馆后阅读量增加了	75%
现在觉得阅读变简单了	82%
家长调查结果（人数：75人）	
参观图书馆后，孩子对阅读的兴趣增加了	96%
注意到孩子阅读方面的进步	94%
孩子花在阅读上的时间增加了	94%
希望参观图书馆的活动能继续举办	100%
参观图书馆后，孩子要求父母再带他们去图书馆	67%

资料来源：Ramos & Krashen (1998).

当然，这个研究的启示不仅只是让孩子使用公立图书馆而已，更重要的是它证明了解决之道（提升孩子语文能力）还是得从学校中寻找。参与这项研究的学校很幸运地附近就有一所愿意配合、同时藏书量丰富的公立图书馆，其他学校可就没有这种幸运了。

• 一趟公立图书馆之旅能显著增加对阅读的热情。

能从任何前述提到的场所（家庭、学校、公立图书馆）取得图书都是非常有益的，而且可能足以保证培养起阅读习惯。不幸的是，许多孩子没有机会使用到其中任何一个阅读场所。Worthy与McKool（1996）研究11位"讨

厌阅读"的六年级学生，其中9位几乎没有机会在家中、学校图书馆或教室中取得有趣的读物，而且在接受访谈的那一年中，全部都不曾到过公立图书馆。那两位接触过有趣读物的学生也是11人中"唯二"有"一点阅读规律"的（p. 252）。具有讽刺意味的是，即使所有受访学生都被描述成抗拒阅读的孩子，他们却都表现出非常热切地想读某些方面的读物的想法，特别是"轻松读物"（light reading）（请参见后面的讨论）。

• *通常"讨厌"阅读的人只是没机会接触到书而已。*

图2.1总结了环境中的出版物、自由自主阅读和培养语文能力之间的关系。环境中的出版物影响语文能力培养的研究结果证实图2.1是正确的，正如图中虚线表示的一样。这些研究显示了一致的结果：在出版物越丰富的环境里，越容易取得读物，语文能力的培养就越好。（研究文献回顾请参见Krashen, 1985a, 1988, 1989; Snow, Barnes, Chandler, Goodman, & Hemphill, 1991；印证请见Foertsch, 1992。）

• *环境中的出版物越丰富，越能培养好的语文能力。*

图2.1 环境中的出版物与自由自主阅读对语文能力培养的关系

虽然环境中出版物的丰富性与培养语文能力之间的关系始终是正向的，但是研究人员发现二者间的关联强度只是中等。可能的解释是两者间有一种关联，或是"中介变项"（mediating variable）还没有找到：即图2.1中所

示的真正的自由阅读。丰富的出版物环境只有在阅读量也增加的情况下，才能提升语文能力。

Pack（2000）提出更清楚的证据，说明只是提供容易取得读物的环境还不够。Pack研究学生放学后的活动，其中有一群孩子被归为"图书馆钥匙儿童"（library latch-key kids），他们的父母将公立图书馆当成每天一到六小时的"免费课后托儿资源"。Pack发现，这些孩子在图书馆中几乎都在"闲晃"（hang out）（p. 166）：他们不读书，只是与同伴聊天或者玩电脑游戏。

提供容易取得书籍的环境是必要的，但并不是鼓励阅读的充分条件，其他因素更能引发自由阅读。

舒适与安静

阅读环境的布置极为重要。Morrow（1983）研究学前与幼儿园儿童使用图书角的情况，当有放置枕头、舒适的椅子、地毯、空间有隔区（partitioned off）以及安静时，孩子更常使用图书角。

Greaney与Hegarty（1987）的研究结果更令人振奋。他们发现被归类为阅读量大的（heavy readers）五年级学生的家长，与被归类为不阅读的（nonreaders）学生的家长相比，更能允许孩子在床上阅读。72.2%的阅读量大的家长都允许孩子在床上阅读，而只有44.4%的不阅读的家长允许孩子在床上阅读。

 图书馆

本章中介绍的前两个鼓励阅读的因素——较易接触到书本和安静舒适的阅读环境，都很难在孩子的生活中、校内或校外找到。图书馆是可以同时兼具这两种因素的地方。如果许多孩子真的很难取得图书，而且如果第一章中的主张——阅读是培养语文能力的根源这个观点至少部分是正确的，图书馆便至关重要。

孩子从图书馆中取得图书

孩子从图书馆中借得的书，占了他们阅读的书籍中相当大的比例。表2.2总结了许多研究的结果，这些研究是询问11岁的小学生，他们自由阅读的书籍从何而来。

表2.2　11岁学生的图书来源

研　究	从图书馆取得的书籍百分比
Gaver, 1963	30%—63%
Lamme, 1976	81%
Ingham, 1981	72%—99%
Swanton, 1984	70%
Doig与Blackmore, 1995	学校＝63%；教室＝25%；公立＝57%
Worthy、Moorman与Turner, 1999 社会经济条件较高组	学校＝19%；教室＝3%；公立＝14%
Worthy、Moorman与Turner, 1999 社会经济条件较低组	学校＝34%；教室＝6%；公立＝14%
Ivey与Broaddhus, 2001	学校＝55%；教室＝28%；公立＝61%

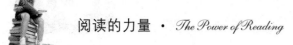

上表中数据间有些不同之处：有些研究中，学校图书馆是使用最广泛的图书来源地，其他研究中则是教室书库或公立图书馆。孩子阅读书籍最主要的来源是某类图书馆，则是所有研究的一致结果。

尽管有一项研究指出，随着年龄增长，学生会逐渐减少使用公立图书馆的次数（Williams & Boyes, 1986, p. 260），但是学生使用图书馆的比例仍旧很高（6到7岁学生使用的比例为86%，16至18岁的比例降至44%），其他研究则明确指出，青少年阅读的书籍许多也是从图书馆中取得的（表2.3）。

• 学生从图书馆取得大部分的读物。

表2.3　青少年的图书来源

研究	年龄	从图书馆中借书的比例
Mellon, 1987	九年级学生	学校：几乎90% 公立：女孩66%，男孩41%
Smart Girl Poll, 1999	11—18岁	学校：66% 公立：58%
Fairbank et al., 1999	10—17岁	图书馆：66% 学校：25%

较好的图书馆引发较佳的阅读效果

如果图书馆是书籍的主要来源，而且如果越常阅读会带来越好的阅读效果，那么较好的图书馆应该与较佳的阅读效果有关。研究也证实了这点。

Gaver（1963）指出，就读于有大型图书馆的学校的学生，阅读上的进步比只有小型学校图书馆的学生要多，而后者又比只有教室书库的学生进步得多。

Elley与Mangubhai（1979；引述自Elley, 1984）预测

斐济群岛学生英文阅读分数的最重要变量，就是学校图书馆的馆藏量。"拥有400册以上图书馆馆藏的学校，总是比馆藏量较小、甚至没有图书馆的学校有较高的平均分数。"（p. 293）

Lance、Welborn与Hamilton-Pennell（1993） 进 行的一项卓越的研究为此提供了有力的证据。他们发现，即使在贫穷程度和使用计算机的便利性等因素都被控制的情况下，科罗拉多州投资在学校图书馆的经费与阅读分数间也是正相关关系。Lance与他的研究伙伴在科罗拉多以及其他几个州都作过类似的研究，结果显示图书馆的质量（定义为馆藏量以及馆员的人数和素质），与学生的阅读成就间呈现一致的关联性。[1]

Krashen（1995）的研究分析41个州NAEP（美国教育进展评价，National Assessment of Educational Progress）四年级阅读测验分数的预测因子，再次证实图书馆的价值。加州人应该会对分析结果最感兴趣，因为加州学生在这项测验上的得分比其他州学生都低。他们也为此成立了专门阅读小组，并且察觉到加州学校教授阅读的方式一定是出了问题。NAEP测验最佳的预测因子是平均每位学生所拥有的学校图书馆藏书量。如同Lance等人的研究，这次的分析也控制了其他的因素，例如使用计算机的便利性以及学校的经费。这个研究强烈指出，加州真正的问题在于书籍的取得：加州的学校图书馆不论是馆藏或馆员素质，在全美国各州中都属于较差水平。

• 图书馆的质量（藏书量与馆员水平）与阅读成就相关。

McQuillan的研究也证实了这项结论。McQuillan（1998a）检测了与41个州以及哥伦比亚特区的NAEP四年级阅读分数有关的因素，也发现学校图书馆是预测NAEP分数很好的因子。他的发现中最令人印象深刻的是，他指出了整体的出版物环境（学校图书馆、公立图书馆和家中的藏书）与阅读成就间有很强的相关性（r＝0.68），而且即使将贫穷的影响也考虑进去，这个关系仍然存在。McQuillan也发现，加州不但学校图书馆在各州中排名靠后，家庭与公立图书馆中的出版物资源也位居末位。

Elley（1992）研究32个国家的阅读成就，发现学校图书馆的质量也是预测该国在阅读成就方面排名的重要因素。不令人意外的，Elley指出，经济发展程度较高国家的学生的阅读成就比经济发展程度较低国家的学生要好。最可能的解释是，较富裕国家的学生有较多机会接触到出版物。而特别引起我们注意的是，Elley也发现较不富裕的国家中，有最佳学校图书馆的学生所取得的阅读成就极大地缩小了贫富国家孩子间阅读成就上的差距（表2.4中的顶端四分之一）。所以说，学校图书馆可以造成极大的不同。

表2.4　14岁学生的平均阅读成就分数：以学校图书馆规模区分

	底端四分之一	中下四分之一	中上四分之一	顶端四分之一
富裕国家	521	525	536	535
较不富裕国家	445	452	454	474

平均＝500。
资料来源：Elley (1992).

有非常充分的证据指出，贫穷家庭的孩子接触书本的机会远比富裕家庭的孩子少，对于这些孩子来说，学校图书馆是他们唯一的阅读渠道。不幸的是，目前所有证据都显示，学校图书馆大多没有真的发挥作用。

贫穷与取得图书

Smith、Constantino与Krashen（1996）调查洛杉矶地区几个社区获取图书的便利性。其中包括两个截然不同的社区：比弗利山庄（Beverly Hills）与瓦兹（Watts），两者阅读环境的差异令人瞠目结舌。受访的富裕比弗利学生说，家中平均可阅读的读物有200本（自己的或兄弟姐妹的）；然而，在低收入的瓦兹家庭中的学生平均不到1本，确切地说只有0.4本。此外，比弗利山庄公立图书馆的藏书为瓦兹的两倍，附近的书店数量也多得多。

Neuman与Celano（2001）发现两个高收入小区和两个低收入小区阅读环境存在着令人惊讶的差异。以下列举他们研究结果的一部分：

· 高收入小区附近有较多购买书籍的地方。Neuman与Celano在小区中找寻书店、药店、杂货店、低价商店、便利商店、其他类商店与儿童商店。两个低收入小区附近都各只有4处可以买到书的商店；而一个高收入小区附近有13处，另一个有11处。低收入小区附近没有卖青少年图书的地方；而一个高收入小区附近有3处，另一个高收入小区附近有1处。

· 高收入家庭的孩子在商店中能找到的书的种类较

> · 高收入家庭的孩子"淹没"在书堆中，低收入家庭的孩子却必须"积极而坚持不懈地努力追求书本"。

广。一个低收入小区附近商店中可供孩子阅读的图书共有358种（平均每20名孩子1种），另一个为55种（平均每300名孩子1种）；一个高收入小区附近商店共有1597种图书（平均每个孩子0.3种），另一个高收入小区为16544种（平均每个孩子13种）。出版物最丰富与最贫乏的小区相比，高收入家庭孩子能获得的书籍种类是低收入家庭孩子的4 000倍。"药店是低收入小区附近提供年纪较小孩子阅读材料最多的商店。"（p.15）针对青少年的出版物则非常"稀有"。

·高收入地区的公立图书馆平均能提供给每位孩子的青少年类书籍远远比低收入地区的多得多。两个高收入小区的图书馆每周开放两个晚上（到晚上八点），而低收入小区的图书馆从来不曾在晚上六点之后开放。

·高收入小区附近有较多具有可读性的环境文字（environmental print），几乎所有环境中的标志都可读（96%与99%）；贫穷小区环境中的标志经常"因被喷漆或壁画覆盖（graffiti-covered）而难以辨认"（p.19），只有66%与26%为良好可读的状态（p.19）。

·高收入小区附近有许多适合阅读的公共场所（例如照明充足、座位舒适、工作人员友善的咖啡馆）。因此，高收入小区的孩子有更多机会看到正在阅读的人。

Neuman与Celano作出以下结论："中等收入小区的孩子可能沉浸在各式各样的书中，但是贫穷小区的孩子则必须非常积极地、持续地去寻找书源。"（p.15）

有如此大的差异存在，在讨论贫穷地区的孩子是否需要更多注重以发音以及拼音练习为主的直接教学法之

前，首先要确保贫穷孩子有书可读。[2]

Di Loreto与Tse（1999）发现即使同是公立图书馆，高收入的比弗利山庄和工人阶层的圣达菲斯布尔（Santa Fe Springs）的童书区也截然不同。比弗利山庄图书馆有更多的童书和杂志，并且有致力于儿童文学发展的优秀的图书管理员，而圣达菲斯布尔的图书馆则没有针对童书区聘用图书管理员（表2.5）。

表2.5　比较两个小区中公立图书馆童书区的差异

	人数	藏书	儿童杂志	童书区管理员
比弗利山庄	32 000	60 000	30	12
圣达菲斯布尔	16 000	13 000	20	0

学校又如何呢？

贫穷本身当然是很不幸的，但是学校至少可以从一个方面消除贫穷的影响：让学生有书可读。回想McQuillan（1998a）的研究发现，即使将贫穷的影响以统计方法控制，取得图书的机会与阅读成果之间还是有关联的（参见前面所述的Lance研究，以及Roberts, Bachen, Hornby, & Hernandez-Ramos, 1984, Table 3B）。虽然贫穷家庭的孩子接触书籍的机会比较少是事实，但若是将贫穷孩子分成两组，就会发现被提供较多读书机会的那一组孩子将会发展出较高的语文能力。

目前学校尽的力还很少。事实上，学校不但没有拉近起跑点的距离，甚至还使差异扩大。

高收入家庭的孩子所就读的学校也有较好的教室书库

在比弗利山庄与瓦兹的比较研究（Smith et al., 1996）中，我们发现平均一个比弗利山庄学校教室内的藏书为400本，而瓦兹则只有约50本。

Duke（2001）的调查指出，高收入小区的一年级教室书库平均每个孩子有33本书和杂志，相比之下，低收入小区则只有18本。一年中，高收入小区教室平均每个孩子会增加19本书，但是低收入小区则只增加10本。Duke也注意到，低收入小区教室的图书"看起来比较旧"（p. 475, n.3）。

高收入小区教室中有较多书被展示出来。学年开始时，平均每班会"完全展示"（full display）21本书，学年中又会增加60本，而低收入小区学年初则只完全展示10本，学年中仅增加16本。

高收入家庭中的孩子有较佳的学校图书馆

比弗利山学校图书馆的藏书是瓦兹学校图书馆的2～3倍（Smith et al., 1996）。

Neuman与Celano（2001）发现，高收入小区附近学校的图书馆可以为每个学生提供比较多的书（高收入地区的两所学校分别为18.9本与25.7本，低收入地区的两所学校为12.9本与10本），同时开放的天数也比较多（两所高收入地区的学校每周都开放5天，低收入地区的则为4天与2天）。两所高收入小区的学校图书馆都聘用了具有硕士学位的图书管理员，而两所低收入小区学校的图书馆连一位合格的图书管理员也没有。前文中提到过，Lance和其

同事的研究指出，图书管理员的水平与孩子的阅读成绩之间有相关性。

图书馆的服务也不同。LeMoine、Brandlin、O'Brian与McQuillan（1997）在加州做的研究指出，富裕地区优秀学校的学生有较多机会独自或整班去学校图书馆，同时也容易被允许借书回家。他们研究的15所学生成绩较差的学校中，有7所不允许学生借书回家。

Allington、Guice、Baker、Michaelson与Li（1995）针对纽约州学校的研究也得到类似结果，他们在报告中指出，他们调查的12所学校图书馆中，6所穷学生较少的学校图书馆馆藏比另外6所穷学生较多的学校要多。

Allington等人也和Smith等人（1996）一样，发现贫穷地区教室书库的书本数量比较少。这和LeMoine等人（1996）的发现一致，就是"贫穷学生较多的学校，图书馆一周通常只开放一天。有几所学校甚至还限制学生借阅的册数（通常一次只能借一到两本）。有两所学校完全禁止学生将书带出图书馆。经济条件较好的地区则没有这种限制，它们通常让学生整天都能较自由地取阅图书，有些甚至在正常上课时间前后都开放"（p. 24）。

藏书的内容也有所不同。高收入家庭的孩子可以读到自己喜欢的书，但是低收入家庭的孩子则不然。Worthy、Moorman与Turner（1999）调查德州奥斯汀地区附近的419名六年级学生的阅读情况，得到与其他研究相符的结果（参见表2.1）。Worthy等人发现，经常上图书馆的孩子中，44%说他们习惯于从图书馆借阅图书。Worthy等人根据可否减

- 住在高收入地区的学生，就读的学校有较好的教室书库和学校图书馆。

免午餐费的标准，将研究的对象分为高收入家庭群与低收入家庭群，结果低收入家庭群的孩子更依赖从图书馆借书，特别是学校图书馆。例如，63%的低收入家庭学生使用学校图书馆，而高收入家庭学生中使用学校图书馆的比例只有40%。

Worthy等人问学生喜欢读些什么？不论阅读能力或性别，孩子们的首选都是恐怖小说〔史坦恩（R. L. Stine）、史蒂芬·金（Stephen King）〕与漫画（这项研究在《哈利·波特》形成风潮前完成）。Worthy等人也调查了3所学校的图书馆是否提供这类书籍给学生。学生喜欢的漫画与杂志在学校图书馆中"几乎都找不到"，恐怖小说则"大致上"（moderately）可以找到。新的书因为受欢迎而几乎都被借走了。教室中也很难找到孩子们喜欢的书。"虽然许多老师知道孩子喜欢哪些书，而且大部分也不会禁止像是《鸡皮疙瘩》这类的书籍（'孩子们愿意阅读就让我高兴激动得要起鸡皮疙瘩了'），不过教室书库中这类书仍是屈指可数。"（p. 22）而且，"教室里的这些书，不是老师自掏腰包买的，就是要求学生捐出的旧书。"（p.23）高收入家庭的孩子可以在课后得到任何想看的书，而低收入家庭的孩子通常只能依赖学校图书馆与教室书库，但这两者又很难满足他们对阅读的需求。

• 高收入地区的教室书库与学校图书馆较可能满足学生的阅读需求。

图书馆喜欢将大众喜爱的书籍排除在馆藏外实在不是件新鲜事。Michael Dirda在10岁时就注意到了这点："真奇怪，我觉得这些高尚的图书管理员似乎都不愿在书架上摆

放《哈迪男孩》（The Hardy Boys）或是《太空军校生》（Tom Corbett, the Space Cadet）（Dirda, 2003, p. 59）。Nell（1988）提出相当多数据，说明许多图书管理员自认为是'图书品味的守护者'。"

图书馆与第二语言学习者

对于想学外语的人，图书馆提供的环境更糟。培养母语的语文能力正是培养外语语文能力非常有效的方法（Cummins, 1981; Krashen, 1996, 2003c）。要培养好的母语阅读能力，孩子需要读以母语写作的书。1991年时，美国国内母语为西班牙语，而孩子英语能力有限的家庭平均只有26本书（这是指家中书本的总数，并非适合孩子年龄的读物）（Ramirez, Yuen, Ramey, & Pasta, 1991），这大约只有全国平均值的五分之一（Elley, 1994）。再次强调，学校并没有解决这个问题：在Pucci（1994）研究的双语学校中，学校图书馆的西班牙文藏书大约是平均每人1本（当时全美小学的平均藏书量为每个孩子18本；Miller & Shontz, 2001）。

Constantino（1994）的报告指出，ESL学生通常不清楚学校图书馆提供哪些服务，而ESL学生的家长更是几乎不知道学校图书馆里有些什么，又该如何运作（Constantino, 1994）。

> • 培养母语的语文能力对增进英语语文能力很有帮助，但是通常母语的读物非常少。

图书馆经费何处来？

Allington等人（1995）调查纽约州的学校后指出：

"教室中若有大量普及版的图书，其中大部分都是教师买的。"（pp. 23-24）

为数众多的教师自掏腰包买书给学生，使得这些教师面临道德上的两难境地：若是他们不帮学生买书，学生将无书可读；若是学生的语文能力因为读了他们所买的书而进步，那么功劳就会记给基础系列的读本以及那些无用的软件。这种令人无法容忍的情况只有一种解决方式：学校花更多金钱购买图书。

钱是有的，只要拨出一些用在教学科技与测验上的经费，就能使所有学生可以读到好的读物。

• 只要把花在教学科技与测验上的经费拨一小部分出来，就能让所有孩子都有书可读。

中肯的建议

《洛杉矶时报》（Los Angeles Times）曾刊登过一篇文章（MuZoz, 2003），呼吁美国曾经的第一夫人劳拉·布什（Laura Bush）访问洛杉矶的弗农市小学（Vernon City Elementary School），帮助学校赢得五千美元的图书馆基金。弗农市小学是全美第一所向劳拉·布什美国图书馆基金会（Laura Bush Foundation for America's Libraries）申请到资金的学校。这件事乍听之下令人振奋，但是细看后则不然。该篇文章也说到，全美国只有另外131所学校也可得到劳拉·布什基金会的补助，但是申请的学校多达6 100所。也就是说，只有2%的申请学校可以得到补助。

还不止于此：弗农市的学校得到这笔钱只够为学校图书馆添购400本书。如此一来，藏书与学生的比例将从15∶1提升成16∶1（记得吗？全美平均为18∶1）。而且，

弗农属于洛杉矶联合学区（Los Angeles Unified School District），该学区并无经费给学校图书馆管理员。另外，根据《洛杉矶时报》的文章，因为经费不足，该学校下学期开始便要缩短图书馆开放时间。谁来选购书？谁负责照顾这些书？谁将这些书介绍给孩子？谁来帮老师将这些资源整合到课程中？孩子何时才能读到这些书呢？

布什女士想帮助学校图书馆的心意是正确的，不过，我怕基金会的贡献可能如夸父逐日：方向正确但难以达成。

还有另一项建议：一篇《教育周刊》（Education Week）的文章宣称，2002到2008年"不让一个孩子掉队"（No Child Left Behind）政策中所需的测验费用要花53亿美元（Richard, 2003）。如果这53亿是用在学校图书馆的信托基金，致力于提升贫穷地区学校的图书馆质量与图书管理员水平，这笔钱的利息可能就足以确保全美国的学生永远处于印刷品丰足的环境中，并让孩子有令人满意的图书馆可用。（感谢David Loertscher提出信托基金的主意。）

另一项永久信托基金的优点是，学校不用再彼此竞争申请微小的补助金额，而且花在写补助申请书、评量补助成效以及搜寻补助金的时间都可以省下来，用在更有用的地方。

大声朗读

在北美洲，大声念书给孩子听已经非常普遍了，这大部分要归功于Jim Trelease所著的《朗读手册》（Read

Aloud Handbook，南海出版公司出版），这本书已经发行第五版了（2001）。

在家中常有人念书给他听的孩子，自己看书的时间也比较多（Lomax, 1976; Neuman, 1986, 1995）。Neuman（1995）的研究报告指出，热爱读书的父母"在孩子很小时，就会建立固定念书给孩子听的习惯……早在孩子只有六个月大时，父母便会在午休小憩时和晚上睡觉前给孩子讲睡前故事"（p. 132）。此外，若教师念书给学生听，并且和他们讨论故事内容〔"文学活动"（literature activities）〕，学生就会更爱看书（Morrow & Weinstein, 1982）。Lao研究的12位不爱看书的准教师中（Lao, 2003，之前曾经讨论过），只有1位在孩提时代有人念书给他听过，而10位热爱阅读的受访者，幼年时都有人念书给他们听。

两项教室中进行的研究证实了，若是教师曾念书给学生听，则学生会更愿意自己选书来独自阅读（Martinez, Roser, Worthy, Strecker, & Gough, 1997; Brassell, 2003）。

研究从小学阶段跳至大学阶段：Pitts（1986）念书给具备"基本技能"的大学生〔"聪明但是基础不佳的学生"（p. 37）〕听，每周1小时，持续13周。选念的书包括马克·吐温（Twain）、塞林格（Salinger）、爱伦·坡（Poe）与瑟伯（Thurber）等作者的，念完后大家会讨论。Pitts的报告中说，比起其他上基础技能课的学生，听了老师念书的那一班学生，从阅读实验室中借出的书往往更多，而且期末报告也写得更好。

- 在学校或在家中有人念书给他听的孩子比较喜欢看书，语文能力的发展也比较好。

- 有人念书给他听时，即使是大学生也会变得较爱看书及读较好的书。

　　大声朗读对增进语文能力有多重功效。就像前面说过的，它有个间接的效果——听故事与讨论故事内容会增加阅读兴趣，而阅读会提升语文能力。听故事似乎也直接影响语文能力的培养。一些短期的研究发现，孩子即使只听过几次含有生词的故事，其词汇知识也会有长足的进步（Eller, Pappas & Brown, 1988; Elley, 1989; Leung & Pikulski, 1990; Stahl, Richek & Vandevier, 1991）。

　　在有控制组的研究中，在家里或在学校能有人有规律念书给他听的孩子，阅读测验和词汇测验的成绩都会比较好（Bus, Van Ijzendoorn, & Pellegrini, 1995; Blok, 1999）。Denton与West（2002）近期针对两万名学生所作的研究指出，在幼儿园毕业时以及小学一年级结束时给孩子做一项阅读测验，结果上幼儿园前一星期中至少有人念书给他听3次的孩子的成绩比那些一星期中听人念书少于3次的孩子要好。即使将贫穷因素也考虑进去，结果仍然如此。

　　Senechal、LeFebre、Hudson与Lawson（1996）的研究成功地证实，父母念故事书给孩子听对孩子语文能力的发展作用极大。他们发现，若是家长在一项关于故事书作者名和故事书名的测验上得分较高，则孩子在另一项词汇测验上的成绩也会较好。不论父母的教育程度以及父母本身的阅读习惯如何，这个结论都成立。

　　听别人大声念出故事不但很有益处，也是件让人快乐的事。实证性的研究证实了一件父母都知道的事：绝大多数的孩子都说喜欢别人念书给他听（Walker & Kuerbitz, 1979;

• 几乎所有孩子都喜欢听人念故事书。

Mason & Blanton, 1971; Wells, 1985; Senechal et al., 1996)。
下面是个具体的实例。Feitelson、Kita与Goldstein（1986）
的实证性研究证实了，大声朗读对语言发展有正面影响。
Feitelson等人的研究报告中，也描述了孩子听故事的反
应。以色列一年级的学生听人念《考菲考》系列（Kofiko
series）故事书，那是关于一只猴子的冒险故事。以下是
引述自一位教师的观察记录，其中记录了念书计划开始
执行两个月后的情况："11点20分，全班都忙着将黑板上
的家庭作业内容抄下来。11点25分，老师提醒学生：'得
快一点，因为我们要读《考菲考》了。'全班立刻响起赞
同的欢呼声，学生们赶忙将工作完成，有些先做完的学
生跑去帮助速度比较慢的同学。'赶快'和'快点，别浪
费时间'的声音在教室各个角落此起彼落地响起。"（p.
348）

　　学生除了热切想听故事之外，Feitelson等人的报告
中也说，孩子会要求父母买《考菲考》系列的书。"到研
究结束时，实验班级31名学生中，有13名拥有1本或多本
属于自己的《考菲考》系列故事书，加起来总共是45本。
另外，有4位学生从亲戚、邻居或公立图书馆借来看。相
比之下，其中一个控制组的班级，每3位学生中才有1位
的家里有1本《考菲考》故事书。另一个控制组班级则是
4个家庭中各只有1本，而第五个家庭有2本。而且这些
书都是哥哥姐姐的，这些受访的一年级学生都还不曾读
过。"（p. 350）

　　再介绍一个例子说明朗读故事书的惊人效果。这个

例子选取自Jim Trelease的《朗读手册》（2001）：

贺蕾哈（Hallahan）女士学期中被安排去教六年级的复读班学生（remedial students），第一堂课便给学生一个新奇的震撼——朗读故事给他们听。她选择的书是《红色羊齿草的故乡》。

当贺蕾哈女士开始朗读时，这群强硬、倔强、常在街上鬼混的学生们（大多数为男孩）觉得被侮辱了。他们问道："你干吗念书给我们听呢？你觉得我们是小婴儿吗？"贺蕾哈女士解释说她没有那个意思，纯粹只是想和学生分享一个她非常喜欢的故事，之后她便继续朗读《红色羊齿草的故乡》。每天一上课时，她便朗读一小段故事，然后就会听到一堆咕哝抱怨声——"今天别再念了吧！怎么从来没人要我们听这些鬼东西啊？"

后来贺蕾哈女士对我说："我的心几乎要凉了。"不过她仍坚持下去。数周后（这本书一共有212页），学生们的语气开始改变。"你今天要念书给我们听了，对吗？"或是"别忘了念那本书哦，贺蕾哈老师！"

"我知道我们成功了！"贺蕾哈女士说，"当书快要念完的那一个星期五，班上学习成绩最差之一的一个男孩子，放学后申请了一张图书馆借书证，借了《红色羊齿草的故乡》这本书。他不仅自己读完了，还在星期一到学校时告诉全班结局如何。"（p. 26）

阅读经验

阅读行为本身便会提升阅读的兴趣。各种校内自由阅读研究都有一个共同的发现，就是参加研究的学生在课程结束后仍然会持续自由自主阅读，这种情形比参加传统课程的学生多得多（Pfau, 1967; Pilgreen & Krashen, 1993）。Greaney与Clarke（1973）告诉我们一个很有力的例子：参加校内自由阅读方案八个半月的六年级男学生，不但在自由阅读方案进行中的闲暇时较常阅读，甚至在六年后仍然比对照组的学生常阅读。Tse（1996）描述一位美国成年的以英语为第二语言的学生乔依丝（Joyce）的情况。她在来美国前从未将阅读当作休闲活动，也不曾读过任何英文书籍。在参加了一项广泛阅读的课程后，她对阅读的态度发生了"巨大的改变"，而且直到课程结束以后都持续阅读不懈，并且建议她先生也参加相同的课程，而不是传统的阅读课程。Shin（1998）发现，15位以英语为第二语言的中学生在参加完一年的持续默读课程后，对消遣式阅读的态度改进许多。参加持续默读课程前，16位学生中只有3位（23%）会有规律地享受阅读，一年后增加到56%（16位中有9位）。

Cho与Krashen（2002）在研究中，让韩国教师阅读两个小时有趣易懂的英语儿童读物，之后这些韩国教师便增加了对阅读的兴趣并将阅读英语读物作为休闲娱乐。而之前这些老师们的英语读物都是高深的教学法，里面充满了难懂的字词与语法，许多人从未体验到阅读外语读物的乐趣。

• *越读，会越爱读。*

"全垒打"书籍

当我一年级读《加菲猫》（Garfield）时，我觉得找到了

比电视节目还好看的东西。

Trelease（2001）认为，只要一次美好的阅读经验，一本"全垒打书"就可以造就一个热爱读书的人。Trelease借用Fadiman（1947）的《全垒打》书一词，这个名词来自Fadiman最早阅读《完全男孩》（The Overall Boys）的经验。"人生的第一本书、亲吻、全垒打永远是最棒的。"相关的三个研究证实Trelease的想法是对的。这三个研究都问小学生同一个问题：是否有一本书或是某个阅读经验让你喜欢上阅读？若是记得书名，研究人员也请受访学生说出来。

从孩子的反应可以得知他们了解问题的内容。大部分孩子只是说出书名，有些则会多加解释，例如：

"是《货车男孩》（The Box Car Children）让我开始喜欢阅读的，因为它是一本好书。"

"《内裤超人》（Captain Underpants）！这本书让我开始喜欢看书，因为它很有趣，而且充满冒险精神。"

"以前我都不爱看书，第一本让我有兴趣的书是《线索》（Clue）。"

"从我得到第一本书《叽喀叽喀碰碰》（Chicka Chicka Boom Boom）后我就开始爱看书。"（Von Sprecken, Kim, & Krashen, 2000, p. 9）

参与Von Sprecken、Kim与Krashen（2000）研究的124位四年级学生中，有53%至少记得一本"全垒打"书。Kim与Krashen（2000）研究了103位来自贫穷家庭的六年级学生，其中有75%至少记得一本或一本以上的"全垒打"书。而Ujiie与Krashen（2002）研究的266位来自

• 有时候一次美好的阅读经验便可以让人从此爱上阅读。

不同低收入地区的四年级与五年级学生中，则有82%有一本或一本以上的"全垒打"书。

与其他针对最喜爱书籍的研究结果相同（Ivey & Broaddus, 2001），孩子们提到的书籍非常广泛。Von Sprecken等人（2000）研究的四年级学生提到了《艾尼莫夫》（*Animorphs*）（8位）、各种恐怖小说（16位，其中15位提到史坦恩所著的书）、Marvel Comics出版的漫画（3位）、《夏洛的网》（*Charlotte's Web*，译林出版社出版）（2位）、Judy Blume的书（2位）、《货车男孩》系列中的一本（2位）、《纳尼亚传奇：狮子、女巫和魔衣橱》（*The Lion, the Witch and the Wardrobe*，译林出版社出版）（2位）、Beverly Cleary的书（4位）以及许许多多其他的书。Kim与Krashen（2000）也提到一些其他的书：《别照镜子》（*Don't Look at the Mirror*）、《克里斯蒂的好办法》（*Kristy's Great Idea*）、《记忆传授人》（*The Giver*）、《恐怖塔惊魂》（*Night in the Terror Tower*）、《爱心树》（*The Giving Tree*）、《瘟疫》（*The Plague*）、《局外人》（*The Outsiders*）、《蓝色的海豚岛》、《望乡》（*Looking for Home*）、《午夜来电》（*Calling All Creeps*）、《小猪会飞》（*Pigs Can Fly*）、《安妮日记》（*The Diary of Anne Frank*）、《鸡皮疙瘩》系列、《玛蒂尔达》（*Matilda*）、《安妮与老人》（*Annie and the Old One*）与《狗儿快跑》（*Go Dogs Go*）。Ujiie与Krashen（2002）研究中发现的全垒打书包括：《恐怖街》（*Fear Street*）、《内裤超人》、《小美人鱼》（*The Little Mermaid*，外语教学与研究出版社）、《石狐》（*The*

Stone Fox)、《鸡皮疙瘩》系列以及其他许多书籍。

　　Lao（2003）的研究对象提到的情况与一般形成"全垒打"书籍的经历不同。其中一位受访者是因Judy Blume（著名的美国作家）而改变。另一位受访者简（Jane）是因为一本杂志。简说："老师总是非常严厉，而基础读本又是规定必须读的。我一点也不喜欢基础读本，也一直很不愿去读它们，直到我妈买给我一本叫作《真情告白》（*True Confessions*）的杂志后情况才发生改变。这本杂志里有个连载小说，关于一些女孩和她们的男友及母亲间发生的冲突以及生活中发生的事情。我爱看这本杂志，而且自此以后我就开始喜欢阅读了。"（p. 16）

　　受访者提到的书籍种类广泛，凸显了在学校或教室书库提供多样的图书并且将它们介绍给不同阅读需求的学生是件非常重要的事，因为我们永远也无法预测哪一本书会成为某个孩子的全垒打书。

　　● 学生提到相当多的"全垒打"图书。

📚 树立典范

　　不论在学校或在家中，孩子越常看到别人在读书，就会越爱读书。Morrow（1982）发现，在持续默读时间中，若托儿所与幼儿园教师本身是在阅读，那么图书角的使用就会增加。

　　Wheldall与Entwhistle（1988）研究八九岁学生在持续默读时间中的行为，发现当教师与学生同步阅读，学生投入阅读的程度要明显高于教师没有在阅读的情况。

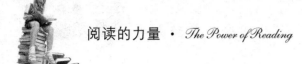

Morrow（1983）与Neuman（1986）的研究指出，若是父母爱好阅读，则孩子闲暇时花在阅读上的时间也较长，父母若是对书籍没有兴趣，则孩子也较不常在闲暇时阅读。虽然父母们可能会用其他方式鼓励孩子阅读，不过研究结果指出父母树立榜样最重要。

· *看到他人在阅读，孩子也会更爱阅读。*

这些研究也暗示了教师应该遵循McCracken与McCracken（1987）的忠告，允许学生根据自身兴趣选择自由自主阅读书籍。这样做或许并不容易，因为许多日常工作得挪到其他时间去做，不过结果将会让这些牺牲是值得的。

提供充足的阅读时间

只要提供阅读时间就能提升阅读效果。当然，持续默读便是提供阅读时间，而且我们也已经知道参加持续默读方案的孩子，不论是课程中（Pilgreen & Krashen, 1993）或是课程结束后（Greaney & Clarke, 1973），都比没有参加的孩子更爱阅读。而且事实也强烈证明，学生真的在持续默读时间中阅读。

· *有时间阅读的孩子会更爱阅读。*

Von Sprecken与Krashen（1998）在学期中间观察一所初中学校的持续默读课程，发现90%的学生都在阅读。若教室书库中的书籍众多（见前文"制造亲近书的机会"），学生阅读时教师同时也在阅读（见前文"树立典范"），学生不需自备图书以及教师刻意介绍特定书籍等，则该班的阅读情况会很好。11个观察班级中的一个，

书籍非常少、没有可观察学习的典范、没有推荐的好书，而且学生还得自备书籍，不过尽管如此，持续默读时仍有80%的学生是在阅读。

Cohen（1999）持续两周暗中观察120位八年级学生在持续默读时的表现，发现其中94%是在阅读。她注意到学年刚开始时，学生对持续默读并不期待，但是热情却在一两个月后逐渐增加。

Herda与Ramos（2001）观察一年级到十二年级参加持续默读的学生，63%的学生在持续默读时间中都积极地在阅读。若是一年级到五年级则比例更高，从76%到100%。高年级学生可以选择自习或阅读喜欢的书，大多数学生利用这段时间自习。不过，也有不少学生选择为了乐趣阅读，十二年级是29%，到九年级是65%。

• 数周后，大部分孩子都会在持续默读时阅读。

📚 直接的鼓励

这方面的研究仍很缺乏，不过，似乎仅是把阅读这件事告诉孩子，就能影响孩子花在阅读上的时间。Morrow（1982）指出，若托儿所与幼儿园老师鼓励孩子多使用图书角，则孩子真的就照做。Lamme（1976）发现在教师的鼓励下，小学教室书库的使用率会增加。Greaney与Hegarty（1987）发现，自身"阅读量非常大"（heavy readers）的五年级学生家长中，有73%会鼓励孩子读特定的书籍，平常不阅读的家长中则只有44%会这样做。Neuman（1986）的研究指出，"父母鼓励阅读"与"孩子

• 如果选择的书籍内容有趣又容易理解，那么直接鼓励阅读会非常有效。

花在阅读上的时间"两者之间有很强的关联性（r = 0.53）。

相反地，如果选择的书籍不适当，指定孩子读那些书也可能有反作用：若不是无趣，就是看不懂，甚至是既无趣又看不懂。Greaney与Hegarty指出，许多不爱阅读的孩子其父母都建议他们读报纸（41%，阅读量大的孩子的父母为18%）。这就为上述结论提供了依据，因为报纸并不适合五年级学生阅读。

Ben Carson自身的例子显示，直接鼓励阅读可以激发孩子对阅读的兴趣，并因此培养较佳的语文能力。Carson目前为神经外科医生，但五年级时却是个穷学生。当时他母亲要求他每周从图书馆借两本书回家，并且一定要在一周结束前向她报告书的内容。Carson对这件事并不热衷，但也没有违逆母亲。很重要的一点是，Carson的母亲允许他阅读任何自己想读的书。

一开始，Carson会选择关于动物、自然与科学的书，因为这些书符合他的兴趣。Carson说，虽然他"各个学科成绩都糟透了，五年级的科学成绩却很优秀"（1990, p. 37）。随着他阅读的科学类书籍增加，他"成为五年级中任何自然科学问题的专家"（p. 37）。

Carson认为，阅读帮助他的理解力与词汇进步，影响所及，其他学科也跟着进步，他说："解数学应用题时，我是最厉害的。"（p. 38）就像研究结果指出的一样，阅读也让Carson的拼写能力进步。"我整个五年级的暑假也持续不断地阅读，六年级开学时已经不知不觉学会拼许多单词。"（p. 39）

母亲一开始鼓励阅读的行为产生了巨大的效果："我持续不断阅读，结果拼写、词汇与理解等能力都提升了，而且对上课也变得更感兴趣。升入七年级时，我进步很大……当时我已经是全班最顶尖的学生了。"（p. 39）显然，Carson的母亲给他的直接鼓励恰到好处，因为他借的书都是自己感兴趣的，阅读所引发的内心喜悦让他持续阅读，也就不再需要直接指引阅读的方向了。

自己选择想读的书是很关键的因素，Carlsen与Sherrill（1988）的一份访问报告也证实了这点：

> 正当我的小学成绩越来越进步时，我记得有件事让我突然不爱阅读了，那是因为我妈想强迫我读一些我不喜欢的书，它们不是太难，就是属于我不喜欢的学科。我姐非常喜欢跟马有关的故事，而我却无法忍受。（p. 138）

没错，鼓励只有在读到真正喜欢又有能力读得懂的书时才有效。

Shin（2003）描述了另一件直接鼓励有效的例子。塔内莎（Tanesha）是一个六年级的学生，她四年级时就开始阅读了，不过她对自己的阅读能力还不是很有自信。塔内莎参加了一个强调自由阅读的暑期课程（Shin, 2001）。Shin发现，塔内莎读得懂《鸡皮疙瘩》系列，便鼓励她读完一整本，然后周末时再读另一本。塔内莎极度怀疑自己是否有能力办到，不过成功读完两本后，连她自己也惊讶不已。Shin于是又鼓励她挑战在一天内读完一本《鸡皮疙瘩》。尽管不太情愿，塔内莎还是接受了

• Ben Carson 的阅读习惯使得学业表现变好了。

挑战，而且也成功地完成了任务。接下来的几周，塔内莎每天读完一本《鸡皮疙瘩》系列的书，然后继续读《恐怖街》（*Fear Street*）以及Judy Blume的作品。一个暑假下来她共读了40本书。

直接鼓励塔内莎阅读的条件很好，就像Ben Carson的例子，她有足够的书籍可读，书的内容也很有吸引力，塔内莎也有能力读懂这些书——她只是欠缺信心而已。

• Ben Carson 与塔内莎都得到恰当的直接鼓励。

另一种鼓励直接阅读的方式是，告诉学生支持自由自主阅读背后的理论与研究成果。这种方式对年龄较大的学生格外重要，因为以前的学习经验告诉他们，建立技能与直接教学才是学习语文的正确方式。Lee（1998）的研究便是一个通过向中国台湾的以英语为第二语言的学生讲解理论与研究而成功的例子。

其他因素

其他可能影响孩子阅读多寡的因素包括：

讨论与好书交流：第一章曾经提过，Manning与Manning（1984）指出，若是两个学生或一个小组的学生一起讨论阅读的内容，则持续默读的效果会更好。但很有趣的是，他们发现有一组学生每星期都有一小段时间与老师进行单独的师生会谈，讨论"正在读的书以及接下来要读的书"，结果并没有什么作用。

Elley与Mangubhai（1983）的研究的第一年，"分享阅读经验"组（第一章中也曾提过）的表现比纯粹持续默读

组要好，不过第二年以后就没有差别了。正如前面提到的，"分享阅读经验"组是朗读故事给全班听，然后全班一起讨论，最后以戏剧方式表演出来。

这些研究注重阅读成绩的进步，而非阅读量的增加，不过结果仍非常引人深思。

同辈压力：Appleby与Conner（1965）描述一个选修的高中自由阅读英语课，时间为一个学期，他们在非正式的观察下发现，学生读的东西受同龄人阅读倾向的影响很大。由于同辈压力，有些学生强迫自己去读朋友正在读的东西，而忽视了自身的兴趣。当Wendelin与Zinck（1983）询问五年级学生如何选择所读的书的时候，69%的学生认为，同龄人的建议胜于老师的建议。Worthy（1998）研究两个六年级学生后作了以下结论：同龄人的建议"可能是自由阅读最强的动力"。

• 年轻人选择读物受同龄人的影响极大。

展示图书：Morrow（1982）说，好的幼儿园与托儿所老师深知书店老板做生意的技巧：当图书角有"吸引人的东西"、海报、布告栏以及展示与童书有关的事物时，孩子阅读的兴趣会增加。

平装书：Lowery与Grafft（1965）比较两组四年级学生，其中一组读精装版图书，另一组读平装版的同一本书（这些书都是"学生与老师熟知的书"）。平装书组的学生对书与阅读的态度有相当大的进步，而精装书组则没什么变化。其他的研究结果也得到孩子比较喜欢平装书的结果，包括Ross（1978），Wendelin与Zinck（1983），Campbell、Griswald与Smith（1988）。此外，

• 孩子喜欢平装书胜于精装书。

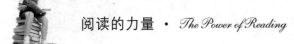

有名的"爱上书本（Hooked on Books）研究"（Fader, 1976）也重视平装书。

Jim Trelease有些有趣的建议教父母如何鼓励子女阅读。有次访问中（Carter, 1988），Trelease建议使用"3B"法：

· 书籍（Book Ownership）："我一再碰到许多人跟我说他们有某些珍藏的书是绝对不会借人的。"

· 书架（Book Rack）：Trelease建议将摆了书的书架放在浴室中。

· 床头灯（Bed Lamp）："即使孩子只有三岁，也可以对他说：你已经很大了，可以像爸爸妈妈一样在床上看书。"

除此之外，教师也运用书籍讨论活动（booktalks）（参见例如Duggins, 1976）与邀访作者（authors visits）（例如Reed, 1985）等方法，鼓励学生阅读。

> · Trelease的 "3B" 法：
> · 珍藏书
> · 随手可得的书架
> · 床头灯

轻松读物：漫画

1957年11月的某一天，我站在丘顶小学（Hillcrest Elementary School）一年级老师葛洛西小姐（Miss Grosier）的教室前，试着想出一个很棒的词。葛洛西老师让全班玩个游戏，每位同学都得说一个词，如果全班没有人会拼那个词，那位同学就可以得到一分，不过，自己当然得会拼那个词才行。得分最多的人就可以得到大家梦寐以求的金色星星。

"Bouillabaisse."终于轮到我说了。

"你知道那是什么意思吗？"葛洛西老师以责备的口吻说。

"那是一种鱼汤。"

"你拼不出来吧？"

"我会拼。"

"那你过来把它写出来。"她要求。

我写出来后，她看了看，并且表示我的确拼对了。

这是我赢得的金色星星中最容易的一个。此时此刻，虽然有点迟了，我还是想感谢画了唐老鸭漫画的那个人，就是在那本漫画书中我学会了"bouillabaisse"这个词。我也要感谢我妈，是她在我四五岁时念那本漫画书，还有许多其他的漫画书给我听的……我在入学前早就从这些漫画书里学会了阅读。当我的同学还在不情愿地读《看小花在跑步》（*See Spot Run*）时，我已经开始读《超人》（*Superman*）了。我知道"indestructible"这个词的意思，也会拼它。要不是"bouillabaisse"事件后我就被禁止参赛了，我一定又可以靠它赢得一颗金色星星。（Shooter, 1986, p. A85）

这篇小故事摘自1986年的《街头漫画售价指南》（*Overstreet Comic Book Price Guide*），作者是Marvel Comic Book公司的前总编辑Jim Shooter。

也许鼓励孩子阅读最有效的方式是让他们接触轻松的读物，就是那种学校会漠视它们存在的书，那种不论是以经济上还是精神上的理由都不让孩子看的书。我怀疑轻松的读物几乎是所有人刚开始学习阅读时读的东西。

这一节中我把焦点放在漫画上。漫画非常通俗，但也有一些有趣的研究是针对阅读漫画的。

在告诉各位漫画如何影响阅读之前，我想先说说漫画在美国的历史以及针对大众关心的漫画问题所作的研究：漫画的"挑战性"是否足够？看漫画会不会造成什么伤害？最后，讨论将围绕着我们的初衷：看漫画能否引发更多自由自主阅读？

• *Jim Shooter* 的小故事可以看出阅读漫画的力量

• 轻松的读物几乎帮助所有人开始学习阅读。

漫画简史

1937到1955年间是美国漫画的"黄金时期"。这个时期可以看到超人（1938）、蝙蝠侠（1939）、神力女超人（*Wonder Woman*, 1941）以及阿奇（*Archie*, 1941）等漫画角色。当时，九成的小学生以及五到八成的初中生都在看漫画（Slover, 1959; Witty & Sizemore, 1954; Blakely, 1958）。Lyness（1952）估计的人数较保守，但是仍非常可观：在所调查的五年级男生中，69%说每周至少看4本漫画书，46%说每周看10本以上的漫画书。

社会大众顾虑看漫画对孩子的行为可能造成的影响，这很大一部分来自Wertham的《诱惑纯真的心灵》（*Seduction of the Innocent*）（1954）一书的影响，结果导致漫画法（Comics Code）的颁布。该法被一位研究漫画史的学者称为"美国史上对媒体最严格的审查制度"（Inge, 1985）。此举也造成美国漫画业渐走下坡："漫画家试着'改变画风'，开始减少无趣与重复出现的关于幽灵以及滑稽动物的故事。"（Brocka, 1979）

不过，社会大众对漫画书的恐惧是没有任何根据的。研究结果从未指出，看漫画书与孩子行为举止之间有强烈的关联。Hoult（1949）指出，犯罪的青少年比没有犯罪的一般青少年看较多漫画书和比较多被归类为"有害的"或"有问题的"漫画书。不过不论有没有犯罪，几乎所有Hoult的研究对象都有看漫画。Witty（1941）研究四到六年级看漫画书最多的10%的学生以及看漫画书

• *漫画书的黄金时期。*

最少的10%的学生。结果发现"这两组学生成绩相当，而且老师也认为两组学生在群体关系的表现上一样良好"（p. 108）。Lewin（1953，引述自Witty & Sizemore, 1955）也发表过类似的看法。

• 看漫画书不该为反社会行为背黑锅。

美国漫画的"银色年代"始于1961年，由Marvel Comics出版的《神奇四侠》（*Fantastic Four*）揭开序幕。接着，1962年出版的《蜘蛛侠》（*Spider-Man*）大概是美国漫画史上最划时代的突破。在斯坦·李（Stan Lee）的领导下，Marvel Comics创造了第一位不完美的超级英雄。蜘蛛人面临着20世纪40年代与50年代的超人与蝙蝠侠所无法想象的问题：财务困难、爱情烦恼、缺乏目标以及自信不足。

许多事实都清楚地指出，美国漫画的"银色年代"仍然持续着，不过有起有落。1983年时，美国漫画的年销售额为2亿美元〔《洛杉矶前锋报》（*Los Angeles Herald Examiner*），1987年10月4日〕，1993年时猛然蹿升至8.1亿美元，1998年降至3.75亿美元，2000年再降至2.5亿美元（Businessweek.com，2002年8月29日）。有些学者认为，近年漫画书销售额的下降，是因为计算机动画与电动游戏的兴起（Hartl, 2003）。而如今漫画书的销售情况又略有好转：2001年小幅增加至2.6亿美元。

根据漫画人物改编的电影被预期会提高大众对漫画、图文小说（graphic novels）或书本形式的漫画（book-format comics）以及"内容丰富的长篇漫画书"（meatier and fuller-length comic books）的兴趣（Gorman,

2002）。一位图书管理员就说："电影确实（让漫画）在孩子间流行了起来，特别在青少年之间，图书馆书架上的（漫画）都被借光了。"（Gorman, 2002, p. 42）Gorman对图文小说的观察可不孤单，2002年时，美国图书馆协会（American Library Association）曾针对图文小说举办过一场研讨会前的讨论会，而2003年的美国图书博览会（BookExpo America）则举办了一场全天的图文小说展示，同时特别设置了一个"图文小说展示馆"（graphic novel pavilion）。现在《学校图书馆杂志》（*School Library Journal*）都固定有介绍漫画与图文小说的专栏（参见例如Weiner, 2003）。

如同Marvel Comics引领漫画自20世纪40年代跨入20世纪60年代的重大改变一样，内容更细致复杂，而且情节更扣人心弦的图文小说也开启了漫画书的另一扇大门。其中两部经典图文小说为《黑暗骑士》（*The Dark Knight*, Miller, 1986）与《守望者》（*Watchmen*, Moore, 1986）。《黑暗骑士》描述上了年纪的蝙蝠侠放弃退休生活，复出打击犯罪的情形。不过，这次他不再与警方合作，而是独自维持治安。蝙蝠侠在经历一连串的冒险后，既疲劳、伤痛，又形成与超人严重不合的价值观。《守望者》是从西塞罗（Cicero）的名句"谁守护着守夜的人？"（Who watches the watchmen？）而来，当然守夜者便是书中的超级英雄。《时代》杂志（*Time Magazine*）称之为"最优良的"图文小说以及"最巅峰的想象力作"（Cocks, 1988）。

• 图文小说现在非常流行。

94

日本漫画（Manga）是当今流行的一种图文小说。《出版人周刊》（*Publisher Weekly*）称日本漫画为"书店中最热门的一类书籍"（MacDonald, 2003），"逐渐从只拥有一群狂热崇拜的核心读者群的读物，转变成一种青少年与年轻成人间的主流读物"。

美国的漫画书店从20世纪70年代中期时的大约100家，增加到1987年时大约有4 000家。书店数量从20世纪80年代末期开始有些减少，但仍相当惊人。Duin（2002）的调查指出美国约有3 600家的漫画书店，而Master List（http://www.the-master-list.com）提供了美国与加拿大地区2 500家漫画书店的信息。

Williams与Boyes（1986）在1973到1975年间研究加拿大三处英语小区的儿童，80.4%的受访儿童说正在看或曾经看过漫画书。1991年，McKenna、Kear与Ellsworth使用分层抽样法研究美国38个州、95个地区的学生，结果发现美国看漫画的小学生非常多：男生从69%（一年级）到75%（六年级），女生从50%（六年级）到60%（一年级）。比例虽然不像漫画的"黄金年代"时那么高，但仍然是相当可观的数字。

Worthy、Moorman与Turner（1999）的研究也证实了漫画书的受欢迎程度。他们问德州奥斯汀市的六年级学生喜欢阅读哪些种类的书籍，结果不论阅读能力与性别，孩子们最喜欢读的书都是（史坦恩与史蒂芬·金所写的）恐怖故事与漫画书。

漫画书与语文发展

漫画书启发了我的想象力，也扩充了我的词汇……一般的六年级学生知道"血清"（serum）是什么吗？了解"刀枪不入"（invulnerability）的意思吗？（Sharon Cho，引述自 Rosenthal, 1995, p. 51）

Wertham在《诱惑纯真的心灵》（1954）一书中说，看漫画书会干扰对阅读的学习和语言发展，并宣称"严重的阅读困难和大量看漫画书总是同时发生的，漫画书不仅无法帮助学习阅读，甚至是导致和加强阅读混乱失序的原因"（p. 130）。

并没有证据支持Wertham的主张。针对漫画书的内容以及看漫画对孩子语文发展与在学校表现的研究显示，漫画书并没有害处，甚至有不少证据都指出，漫画书可以导致阅读更多"有意义的"书。

> • 宣称看漫画会阻碍阅读发展并未被事实证明。

漫画的文字

1941年，R. L. Thorndike建议应如此看待漫画："鉴于大量阅读和提升词汇是小学高年级学生和初中生的需求，这种方式不该被忽略。"（p. 110）

目前一本漫画的字数平均约为2 000字（广告不算在内）。很明显的：每天看一本漫画等于一年阅读的字数远超过50万字，大约是中产阶级学生平均每年阅读字数的一半（Anderson, Wilson, & Fielding, 1988）。

有几个关于漫画书阅读困难度的研究。Thorndike

> • 一天一本漫画书＝一年五十万个字。

（1941）使用Lorge公式研究后指出，通俗的《超人》与《蝙蝠侠》漫画书是以五六年级程度的语文水平写的。Wright（1979）套用Fry公式来评估更多的漫画书，发现对超级英雄类的漫画书〔例如《超人》《绿巨人浩克》《The Incredible Hulk》〕的研究结果与Thorndike的结果一致，而其他类的漫画则简单得多，整理如表2.6。[3]

表2.6　漫画书的语文程度（1978）

书　名	阅读程度（年级）			
	样本一	样本二	样本三	平均
The Amazing Spider-Man #187	7.4	3.0	2.8	4.4
阿奇（Archie）#274	2.0	1.7	1.7	1.8
蝙蝠侠（Batman）#299	7.9	4.0	8.5	6.4
Bugs Bunny #201	2.9	1.9	1.7	2.1
Casper the Friendly Ghost #200	1.9	1.7	1.7	1.8
Chip and Dale #55	2.9	1.9	1.8	2.2
Dennis the Menace #158	2.8	3.0	4.7	3.5
绿巨人浩克（The Incredible Hulk）#74	5.5	9.2	1.9	5.5
太空飞鼠（Mighty Mouse）#53	1.9	3.3	1.9	2.4
Sad Sack #265	2.4	1.9	1.9	2.1
Spidey Super Stories	2.7	1.8	1.9	2.1
Star Hunters #7	6.0	7.3	3.3	5.5
星际大战（Star Wars）#16	7.5	7.4	3.3	6.1
超人（Superman）#329	7.3	8.3	3.5	6.4
泰山（Tarzan）#18	7.6	4.4	4.5	5.5
Tom and Jerry #311	1.9	2.0	1.8	1.9
神力女超人（Wonder Woman）#245	5.5	5.5	3.5	4.8
Woody Woodpecker #172	2.4	2.4	3.0	3.1
Yogi Bear #7	3.2	3.5	2.4	3.0

资料来源：G. Wright, "The Comic Book: A Forgotten Medium in the Classroom," Reading Teacher 33 (1979). Reprinted with permission of Gary Wright and the International Reading Association.

如果对阅读程度的分数有几分正确，那么Thorndike与Wright的分析结果也表明，漫画书的语文难度也不容我们轻视。相比之下，1974年畅销书的阅读难易程度介于六年级到十年级之间，平均分数为7.4（Schulze，1976，引述自Monteith，1980）。

看看下面几个例子，就可以知道漫画书中的对白可能复杂到什么程度。第一个例子选自Marvel Comics出版的《神奇四侠》。这一幕中，大科学家里德·理查德（Reed Richards）〔又叫作神奇先生（Mr. Fantastic）〕正向他的太太苏（Sue Richards）〔又称隐形女（Invisible Woman）〕解释坏人疯先生（Psycho-Man）做事的方式：

- 漫画书中的文字也可能很复杂。

> 亲爱的，疯先生可以使用相当多的科技，不过他通常都只用在一方面，就是操控情感。他所做的每件事都是为了制造冲突，并刺激对手的情绪产生混乱。（《神奇四侠》第283期，1985，p. 21）

> The Psycho-Man has a vast technology at his command, darling, but he had traditionally used it to only one end: to manipulate emotions. Everything he does is designed to create conflicting, confusing emotional stimuli for his intended victims. (The Fantastic Four, no. 283, 1985, p. 21)

根据Flesch-Kincaid公式计算，这段文字的语文程度是12.0分，或相当于十二年级的语文水平。

在Marvel Comics出版的《秘密战争》（*Secret Wars*）第一本书中，几位超级英雄思考着他们是如何不由自主地被运送到另一个星球上的：

马莫上校（Captain Marvel）：我们是怎么来到这儿的？我是说前一分钟我们还在中央公园查看那个叫作什么来着的东西，结果怎么"噗"的一下就来到这个像是最后的边界。

神奇先生（里德·理查德）说：我可以告诉你，马莫上校，这个装置显然能让次原子粒子分离，把我们还原成基本物质后暂存，然后以心灵意念将我们移动至预先调整好宇宙坐标的此处，最后在一个能够产生生命维持系统的环境中将我们重组回来。

绿巨人浩克说：很明显就是这样，理查德！（《秘密战争》第一本，p. 2）

Captain Marvel: How'd we get here? I mean one minute we're checking out this giant watchmacallit in Central Park, then "poof, " the final frontier.

Mr. Fantastic (Reed Richards): This much I can tell you, Captain Marvel — this device apparently caused sub-atomic particle dissociation, reducing us to proto-matter, which it stored until it teleported us here, to pre-set coordinates in space, where it reassembled us inside a self-generated life support environment.

The Incredible Hulk: That's obvious, Richards! (Secret Wars, no. 1, p. 2)

根据Flesch-Kincaid的公式，神奇先生的解释是以十二年级的语文水平所写。要特别提出来说明的是，像Fry公式这类测试语文程度的公式所测材料都是从书中随机取样的。以上选的这些文字则不是随机选的，我选它们是因为它们够难。因此，它们并非典型的漫画书中的对白，

不过却也代表了漫画书读者偶尔可能会读到的句子。

Deborah Glasser曾对我说，如果老师想为年龄较大的学生找容易引起兴趣、词汇量却不大的读物，那么《阿奇》会是最佳选择。《阿奇》讲的是高中生的故事，但是根据Wright的研究数据，它的文字是二年级的语文水平。除此之外，虽然已经过了60年，阿奇和他的朋友们却仍然还是高中生，想来他们必是美国教育史上高中读得最久的一群人。不过，这对学生和老师来说应该是个好消息，因为这表示他们可以找到相当多的二手《阿奇》漫画书。

Norton（2003）也肯定《阿奇》漫画书的价值。他研究30位9到12岁的学生看漫画的习惯，所有研究对象都看《阿奇》。他们一致称赞这部漫画书，说书中的人物"风趣、有魅力，而且幽默"（p. 142），他们彼此之间还会"定期"分享与讨论《阿奇》（p. 143），形成一个真正的读书小组。不过可预见的是，这种方式并不被老师以及其他大人认同。Norton提出了一个有趣的问题："那些儿童时代喜欢看《阿奇》的人，在长大成人后是何时以及为什么开始视《阿奇》如敝屣了呢？"（p. 146）

阅读漫画的相关研究

有两个持续默读的研究使用漫画书作为研究素材。Sperzl（1948）针对五年级学生进行为期15周的研究，结果发现阅读漫画与阅读其他素材的学生，在阅读理解以及词汇测验上的成绩并无差别，两者进步的幅度都可

以让人接受。或许Sperzl研究中最有趣的发现是，学生喜爱看漫画的程度超乎想象。Sperzl说："孩子渴盼阅读漫画时间的到来……尽管好像全世界其他的人都对看漫画书有意见，不过这一点也不影响这群男孩与女孩。"（p. 111）（类似关于13岁以下学生对漫画书的反应，也可参见Norton, 2003。）

Arlin与Roth（1978）比较三年级的学生，他们让一组学生阅读"教育类"（例如经典的）漫画，另一组学生阅读"有趣度高"的书，两组学生的阅读理解力都进步了。尽管"阅读能力较差的学生"从阅读书本中获得的进步较多，但从看漫画中也得到符合预期的进步，10周内进步了0.26年的程度。

从以上两个研究，可以总结出看漫画的效果至少与其他阅读效果相当。不过这两个研究都为期不长（记得第一章中介绍校内自由阅读的研究时提过，持续的时间要够长，校内自由阅读的效果才会较显著），而且Arlin与Roth研究的学生读的是经典漫画。[4]

不少研究都证实长期（从小学低年级开始便持续不断）看漫画的人，在阅读、语言发展与学习成绩上都至少与不看漫画的人相当（Witty, 1941; Heisler, 1947; Blakely, 1958; Swain, 1948; Greaney, 1980; Anderson, Wilson, & Fielding, 1988）。即使孩子只看漫画，其他的书都不读，他阅读理解的成绩也不会显著低于平均分数（Greaney, 1980）。

只读漫画书可以培养出适当的语文能力，但是若要发展至高阶段的能力则不太可能。不过这种情况并不多

见。一般来说，长期看漫画的人同样也会阅读许多非漫画类书籍（Witty, 1941; Heisler, 1947; Bailyn, 1959; Swain, 1948），而且许多研究结果也显示，他们阅读的书比一般人还多（Blakely, 1958; Ujiie & Krashen, 1996a, 1996b）。

表2.7显示其中一个研究的结果。Ujiie与Krashen（1996a）访问七年级男生看漫画的经验、整体的阅读经验、看书的经验以及对阅读的态度。说自己看漫画书较多的学生，通常也会说较常为乐趣而阅读。结果与中产阶级家庭的孩子以及第一章中提到的低收入家庭的孩子相似。

> • 一些研究指出，爱看漫画书的人和不看漫画书的人读的书一样多。另一些研究则指出，爱看漫画书的人读的书比较多。

表2.7　你花多长时间为了乐趣而阅读？

第一章	每天	每周	每月／从不
大量看漫画的人	54%（19）	34%（12）	11%（4）
偶尔看漫画的人	40%（32）	28%（23）	32%（26）
不看漫画的人	16%（4）	20%（5）	64%（16）
中产阶级			
大量看漫画的人	65%（17）	27%（7）	8%（2）
偶尔看漫画的人	35%（31）	35%（31）	30%（27）
不看漫画的人	33%（8）	17%（4）	50%（12）

资料来源：Ujiie & Krashen (1996a).

阅读与阅读态度的研究也得到类似的结果：漫画看得多，享受阅读的程度也高。特别有趣的是，虽然中产阶级家庭中的男孩一般更经常看书（这无疑与他们比较容易取得图书有关），但是第一章中提到的低收入家庭热爱读漫画的孩子所读的书，比中产阶级家庭偶尔或从不看漫画书的男孩所读的书还要多。

　　此外，有证据显示阅读轻松的读物有助于促进较大量的阅读。它不但可以帮助培养阅读较难读物的语言能力，也可以培养对阅读的兴趣。

• 漫画可以成为培养大量阅读的手段。

利用漫画培养阅读能力

　　Hayes与Ahrens（1988）的研究指出，漫画书可以帮助培养阅读能力，使阅读能力提升至可以理解高难度语句的水平。根据他们的研究，日常会话与电视是无法增强词汇能力的。Hayes与Ahrens发现，罕见词出现在日常会话中的机会，远比出现在最轻松易读的漫画中的机会要少。日常生活与电视中所用词汇的95%，几乎都不超出最常用的五千词的范围。印刷的书籍中含有大量的罕见词，因此Hayes与Ahrens认为，要培养超越基础词汇量的能力有赖于"广泛大量阅读各种领域的东西"（p. 409）。表2.8列举出一些他们的想法，也包括他们使用的三种测量词汇出现频率方法中的两种。

　　漫画语言介于口语会话与专业写作的精练抽象文字之间，但是较接近口语会话。这点也增强了漫画作为提升阅读能力至更有挑战性的读物的可能。

　　许多历史个案的研究都支持此观点：轻松的读物是许多（即使不是大多数）孩子学习阅读以及培养阅读习惯的方式。

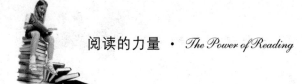

表2.8　口语与书写中出现的常用与罕见词汇

	常用词	罕见词
成人对孩子说话	95.6	9.9
成人间交谈（大学程度）	93.9	17.3
黄金时段电视节目：成人	94.0	22.7
童书	92.3	30.9
漫画书	88.6	53.5
一般书籍	88.4	52.7
通俗杂志	85.0	65.7
报纸	84.3	68.3
专业写作的精练抽象文字	70.3	128.2

常用词＝语句占最常用的五千词的比例。

罕见词＝每一千词中所含的罕见词词数（不在常用一万词中的词）。

资料来源：Hayes & Ahrens (1988).

Haugaard（1973）写下她的漫画书经验：

身为三个孩子的母亲，孩子一个比一个淘气且不爱阅读，连要让他们留在阅读能力最低的班级都得不断鼓励、劝诱、哄骗、威胁。我真要谢谢漫画书，即使它们对文化的贡献不被认同，但是它们却带领我的孩子成为有文化的人。第一个让我家老大自发想读的东西就是漫画书。（p. 84）

尽管一开始不乐意，Haugaard还是买了漫画书给孩子，因为她想：

反正希望他读的东西他都没兴趣，他也不去读，我就让他读自己想读的书吧。他在漫画中学到的字也可以用在其他地方，而且或许能够因此提升他的阅读水平。（p. 84）

令人惊讶的结果出现了：

他狼吞虎咽般地读个不停……漫画激发出的阅读动机惊人到让人有些害怕。我儿子只要看到新的漫画便会露出贪婪热切的目光，一把抓过来开始阅读，不论是在从超市回家的车上、在院子中间、在街上行走还是在饭桌上。他的其他感官好像全关闭了，只剩下视觉在运作。（p. 85）

漫画书真的引发了其他的阅读。一两年后，Haugaard的大儿子将自己收藏的漫画全给了弟弟（他对这些漫画正"爱不释手"），Haugaard发现，他现在"更喜欢读的是Jules Verne与Ray Bradbury所写的关于电子与科学百科的书"（p. 85）。

• *漫画书会引发其他的阅读。*

Haugaard的经验符合本书中提到的其他研究结果。她儿子从漫画中吸收知识的方式就像Sperzl的学生一样（请见前文"阅读漫画有关的研究"）。而她大儿子喜欢上阅读其他类的书籍，与之前提到的另一个研究结果一致，就是漫画书不会取代也不会减少阅读其他书籍。（要特别指出的是，这些研究结果显示，Haugaard的长子不需要为了阅读其他书籍而放弃看漫画。也许他看到了现今流行的图文小说就不会停止看漫画了。）

Mark Mathabane在自传中叙述自己幼年在南非的时光（Mathabane, 1986），当中提到漫画对他学习英语以及养成阅读习惯功不可没。当年Mathabane几乎没有机会接触英语，直到他的祖母到Mathabane家所在的贫民区以外的一户说英语的善良人家工作：

• *自传的例子证实看漫画书的价值。*

祖母到史密斯家工作不久后，她开始带一摞摞的漫画

书回来:《蝙蝠侠与罗宾》(*Batman and Robin*)、《财神当家》(*Richie Rich*)、《淘气阿丹》(*Dennis the Menace*)、《美国正义联盟》(*The Justice League of America*)、《人猿泰山》(*Tarzan of the Apes*)、《福尔摩斯》(*Sherlock Holmes*)、《谜》(*Mysteries*)、《超人》、《绿巨人浩克》、《雷神索尔》(*Thor-God of Thunder*)、《神奇四侠》与《蝙蝠侠》。(p. 170)

Mathabane的反应与Haugaard的儿子很像:

生平从未拥有过一本漫画书,得到这些漫画后,我不厌其烦地一读再读其中看得懂的部分。如此狼吞虎咽般的阅读就像是麻醉剂,让我对艰苦的生活环境失去知觉。很快地,漫画书成了我生活中的欢乐源泉,不论我走到何处,总是有一本漫画书相伴:河边、足球场、厕所、床上、商店,甚至在学校上课时,老师忙着写黑板时我也偷偷阅读。(p. 170)

Mathabane感谢漫画将他的英语能力提升到足以阅读和欣赏他的英文课本的程度:

11岁半时,祖母开始带一些看起来奇怪的书和玩具回家。她说那些书是史密斯太太的儿子的课本,和我在学校用的课本看起来一点也不像。书名与内容一样的奇怪:《木偶奇遇记》(*Pinnocchio*)、《伊索寓言》(*Aesop's Fables*)以及《格林童话》。此时,因为看漫画的缘故,我的英文水平已经进步到可以看懂一些简单句子的程度。我觉得这些书有趣极了。(p. 170)

漫画书也帮了南非的主教戴斯蒙·图图(Desmond Tutu):

　　我父亲是卫理公会教派小学的校长，他就像当年大多数的父亲一样，非常有威严，也非常重视孩子在学校的表现。不过有件事他与一般小学校长不同，就是允许我看漫画，这让我非常感激他。我想这就是培养出我喜爱英文和阅读的原因。（Campbell & Hayes，引述自Trelease, 2001, p. 134）

　　Trelease（2001）指出，任何担心漫画与青少年犯罪之间有关联的人，都该想想图图主教的例子。

　　人类学教授M. Thomas Inge曾说过，漫画显然曾经帮助过他，也帮助过其他人。"对我这个时代的人来说，漫画书引导我们阅读其他类的书籍。"（Inge, 1985, p. 5）Inge教授显然没戒掉看漫画书的习惯，他所写的关于漫画书的论文（Inge, 1985）不但资料丰富，也非常有学术价值。

　　下面这位作家的经验也很类似：二年级时，我被分在阅读能力低段班。我父亲鼓励我看漫画，结果我很快就进步了。Jim Trelease告诉我们，他儿童时代的漫画藏书是他所有邻居中最多的（Trelease, 2001, p. 134）。Trelease基于研究结果和个人经验所作出的结论是："如果你有个抗拒阅读的孩子，就让他接触漫画吧。如果他看起来有点兴趣了，就给他更多的漫画。"（p. 134）

　　Dorrell与Carroll（1981）指出漫画书如何促进更多阅读。他们把漫画书放在初中学校的图书馆里，但是不准借出图书馆，学生得在馆中阅读。然后，Dorrell与Carroll比较图书馆中放了漫画书的74天与之前没有放漫画书的57天的阅读情况，图书馆的使用人数骤然增加了

- "对我这个时代的人来说，漫画书引导我们阅读其他类的书籍。"

82%，非漫画书的借阅册数则增加了30%（表2.9）。

表2.9　初中图书馆中放置漫画书的效果

	放置漫画前	放置漫画时
平均每日使用图书馆的学生人数	272.61	496.38
平均每日图书借阅量	77.49	100.99

放置漫画前＝54天；放置漫画时＝74天。
使用图书馆的学生人数不包含教师为了上课需要带进图书馆的学生。
资料来源：Adapted from L. Dorrell and E. Carroll, "Spider-Man at the Library," School Library Journal 27 (1981).

Dorrell与Carroll也指出，在图书馆中摆放漫画书并没有引来家长的批评。同时，教师、学校行政人员以及图书馆人员也都支持和鼓励这个在图书馆中摆放漫画书的构想。

Juan Necochea，现在是一名专业学者，肯定了漫画对自己语文发展的贡献（Cline & Necochea, 2003）。Necochea 8岁时开始就读于美国的小学，他当时不会说英语，也从未上过一天学。然而，"9岁，二年级即将结束时……我的学业表现像是开始开窍了似的——好像一夜之间，我突然从一个看不懂英文的人，变成了一个可以流利阅读英文的人……我的老师……一定觉得我是个晚开窍的孩子。"（p. 124）

Necochea将自己的成功归功于更早以前所建立的西班牙语基础，而这又来自两个原因：一个是口语丰富的家庭环境（家中总是充满了民间故事、传奇故事、家族

历史故事、悲剧故事、音乐与传说），（p.124）另一个就是漫画书。Necochea非常爱看漫画（他最喜欢的是Kaliman, el Hombre Increible）。一开始，他请哥哥念给他听，后来学会了自己阅读。"Kaliman和我老哥成了我的阅读启蒙老师。"（p. 125）Necochea说，6岁时他的西班牙文阅读能力便已经相当不错了。

这个例子不但证实了漫画书的力量，也证实了第一语言的语文能力可以促进培养第二语言的语文能力，这个我们在第三章中会再提到。

关于漫画的小结

漫画书有许多优点：

· 漫画有适宜的文字，而且图画可以帮助理解。[5]

· 研究指出，漫画对语言学习与学校表现都没有负面的影响。

· 看漫画的人的阅读量与不看漫画的人的阅读量相当。最新的研究甚至指出，整体而言，看漫画的人读得更多，并且对阅读也持更积极的态度。

· 个案研究中有许多强而有力的证据指出，看漫画可以增进阅读更多其他种类的书籍。

轻松读物：青少年浪漫文学

另一个可以增进更多阅读的轻松读物是青少年浪漫文学。Parrish（1983）指出，青少年浪漫文学有以下特征：

写法上有惯用的模式。主角一定是个十五六岁的女孩，故事总是由她以第一人称的方式叙述。故事中也会有一个或多个十七八岁的男孩。故事发生的地点经常是当代且大家熟悉的地方，例如小镇。故事内容最爱聚焦在初恋的情节上。

恋爱中的喜悦与焦虑、遭遇问题时的痛苦与成长以及幸福欢乐的结局都是书中标准的元素。不过，这些浪漫文学排除了性、亵渎与堕落等情节；书中的戏剧冲突通常来自女主角的经历——体验不安全感、不确定感、不受欢迎、遭受不公平待遇、经历欢乐与痛苦以及追求独立的奋斗历程等。行动多半由对话中带出，而人物性格则从角色间浪漫的互动过程以及所遭遇的问题中展现出来。（p. 611）

即使称不上绝大多数，至少可以说为数众多的20世纪80年代初高中女生都看过青少年浪漫文学。Parrish与Atwood（1985）调查250位凤凰城都会区附近的初高中女生，结果该学年中，50%的八年级女生说有看过1-5本的浪漫文学，而所有九年级的学生都看过至少5本。"高达12%的十二年级学生在当学年中竟然看了超过30本。"（p.24）

• 青少年浪漫文学是年轻女孩间流行的读物。

虽然关于青少年浪漫文学的研究极少，但研究结果与漫画的研究结果极为类似。

青少年浪漫文学的语文程度大都在可接受的范围之内，一般介于四年级到七年级间。《甜蜜谷的双胞胎》（Sweet Valley Twins）的语文程度相当于四年级语文水平。写给10-15岁女孩看的《美梦浪漫文学》（Sweet Dream Romances）则相当于五年级水平。而针对12岁以

上读者的《甜蜜谷高中》系列是用六年级的语文水平写成的。Francine Pascal所写的"爱情三部曲"——《凯特琳》（*Caitlin*），写作的语文程度介于五年级到七年级之间。比较起来，畅销作品平均的语文程度约是七年级的语文水平。

阅读青少年浪漫文学似乎不会妨碍阅读其他种类的书籍。Parrish与Atwood（1985）发现："阅读青少年浪漫文学小说的学生也阅读其他种类的文学作品。"（p. 25）

青少年浪漫文学似乎把学生引进了图书馆。根据Parrish与Atwood的说法，20世纪80年代的八、九年级学生从朋友处、书店以及学校图书馆取得的小说数量几乎是一样的。十年级学生则偏爱药店、杂货店与学校图书馆。十二年级学生书的来源渠道最多样化：一半以上来自朋友与图书馆，37%来自书店与学校图书馆，少数来自家中与药店和杂货店。因此，即使有许多地方可取得青少年浪漫文学小说，学校图书馆仍是主要的渠道。

证据显示，阅读青少年浪漫文学可以提升阅读兴趣。下面这句Parrish（1983）引述自一位14岁女生的话，听起来和Haugaard的漫画促进阅读的研究报告很像。"我就是那种讨厌阅读的人，不过当我妈买了本Silhouette的书给我读后，我便爱不释手。"（p. 615）

如同人们对漫画有疑虑一样，青少年浪漫文学的内容也让人不放心。并没有研究指出，阅读青少年浪漫文学会对孩子的行为产生影响，不过谨慎的教师与父母不妨参考Sutton深思熟虑的建议。Sutton（1985）认为，

• *语文程度介于四到七年级之间。*

• *没有关于阅读青少年浪漫文学对行为影响的研究。*

阅读青少年浪漫文学必须注意一些事情，他觉得当我们认为"此类平装版小说不具竞争力"（p. 29）时，它们实则具有下列特点：

> 对人物性格的描述不足，笔触也偏离实际（"他们表现得如此有礼貌与有教养，双胞胎觉得她们快吐了。"），又不像电视剧的未完待续会制造悬疑期待的心情。不过浪漫文学的模式：简单的结构、虚构与古老的剧情、快速的进展，倒是非常管用。不同卷册之间的联结相当清楚，让你非常想知道……洁西卡之后究竟又会发生哪些事。（p. 27）

• 青少年浪漫文学对一些学习第二语言的成人有帮助。

最近一连串的研究指出，青少年浪漫文学或许还有一项重要功能：对于一些以英文为第二语言的人，浪漫文学是易懂有趣的理想读物。

Kyung-Sook Cho（Cho & Krashen, 1994, 1995a, 1995b）与一群30多岁的韩国女性合作，这些女性尽管之前在韩国正式学习英文许多年，来到美国居住也好长一段时间了，但是英文进步却非常有限。Cho首先建议她们阅读《甜蜜谷高中》系列，此系列的读者原是设定在12岁以上的女生。结果发现太难，她们得花许多力气查字典。Cho于是建议她们改读主角人物相同，但针对8到12岁读者写的《甜蜜谷的双胞胎》，结果仍然太难。然后Cho又建议她们阅读相同人物，但是写给5到8岁读者的《甜蜜谷小童》（Sweet Valley Kids），结果这些成年读者都爱上阅读《甜蜜谷小童》。

Cho的研究报告指出，这群参加者的词汇明显进步

了（Cho & Krashen, 1994）。Cho也搜集了一些非正式的资料证明她们的进步，像是引用她们朋友的描述（Cho & Krashen, 1995a）。最令人印象深刻的结果大概是在开始阅读《甜蜜谷小童》一年后，其中一位之前从未因乐趣而阅读英文书的参加者，竟然读完了全套34本《甜蜜谷小童》，同时还读了许多《甜蜜谷的双胞胎》以及《甜蜜谷高中》系列的书。另外，她还开始阅读Danielle Steele、Sydney Sheldon，以及其他美国浪漫文学作家的书（Cho & Krashen, 1995a）。

轻松读物：杂志的力量

Rucker（1982）提供了一个强而有力证明杂志能提升阅读能力的例子。Rucker让初中生填问卷，写出他们感兴趣的事物。数个月后，他随机选出一些学生，向他们提供两本与他们兴趣相关的杂志。一组学生可以免费订阅一年，另一组学生免费订阅一年半。学生与家长都不知道他们正在参加一项研究，而且连教师也不知道订阅杂志这件事。

Rucker的报告中说，获得免费杂志的学生在标准化阅读测验中的得分显著增加（但是强调技巧与拼写的语文测验分数却没有变化）。对这个研究结果的可能解释是，杂志的内容极有价值，也可以诱发更多的阅读。Rucker指出，杂志是所有媒体中最"针对读者兴趣取向"，而"可能因此最有效地刺激阅读"（p. 33）的。

• *阅读杂志可以诱发更多阅读。*

轻松读物就够了吗？

推测阅读的内容会对读者产生影响是合理的。尽管阅读轻松的读物对培养阅读能力有帮助，但是若只阅读此类读物，大概对于培养更高的阅读能力也没有太大帮助。只有少数研究探讨此问题，而且多半是相关性的研究。也就是说，无法确定阅读偏好是阅读能力的因果，还是两者皆是。不过这些研究指出，阅读理解力与词汇的增长和阅读的内容有关。

• *只读轻松的读物显然不够。*

Rice（1986）的研究指出，词汇能力较佳的成人阅读过较多复杂的读物，例如技术期刊、历史传记、文艺杂志与科学杂志。Hafner、Palmer与Tullos（1986）发现阅读能力较好（一项阅读理解测验成绩在前1/2）的九年级学生较喜欢读复杂的小说（complex fiction）（历史小说、科幻小说、推理小说、冒险小说、个人成长类与个人内心觉醒类的小说），而阅读能力较差的学生则偏好"如何动手做"、科学、嗜好以及艺术、音乐和历史类书籍。Southgate、Arnold与Johnson（1981）发现，7-9岁阅读能力较佳的孩子较偏爱冒险类书籍，而好笑的书则是阅读能力较低的孩子普遍选读的对象。

Thorndike（1973）曾在15个国家进行一个大规模的阅读理解研究，其研究报告指出，与14岁孩子阅读理解力最相关的书籍种类依次是：（1）幽默文学；（2）历史故事与传记；（3）科幻小说、神话与传奇；（4）冒险与当前事件。

Thorndike也指出，高中结束时，这个顺序略有变动：体育运动、爱情故事及学校故事与阅读理解力是负相关，历史故事与传记、技术类科学、哲学与宗教则呈现最强的正相关。

不同的研究之间有相似的结论：阅读能力好的学生似乎都偏好科幻与冒险类书籍。不过，不同的研究结果也有冲突之处。Thorndike的研究指出，阅读能力好的人喜欢历史与宗教类书籍，但是此类书籍却是Hafner、Palmer与Tullos研究中阅读能力差的学生较喜爱的。（要找出阅读能力的增长与书籍种类之间的关系有个明显的问题，那就是即使是同种类的书籍，难易程度仍然可能差异极大。显然，这个领域的研究还处于萌芽状态。）

前面提过，Greaney（1980）曾将一群看漫画书远多于其他书的五年级学生称为"漫画书主要读者"，这些孩子的阅读理解力并不会明显低于全体的平均值，但是也不如被归为"一般书主要读者"的学生。

这些研究结果并不是说轻松读物该被禁止。正如我之前主张过的，轻松的阅读可以是发展较高阅读能力的阶梯：它既能提供阅读动机，又能培养阅读较深读物所需的语言能力。研究证明，广泛阅读的人最终都会选择专家说的"好书"来读（Schoonover, 1983），而且研究也证实当读得较多时，有兴趣阅读的主题就会扩展开来（LaBrant, 1958）。此外，孩子自己选择的书通常都高于他们年龄公认的阅读水平（Southgate, Arnold, & Johnson, 1981）。

• 轻松的阅读是不够的，不过它们会带领人通往更深的阅读。

 奖赏有用吗?

本章所引用的研究结果显示,阅读带来的内心回报大到让人想不断地读下去,根本不需要像是小星星贴纸、奖金、读书俱乐部会员资格等类似的外在奖赏或其他奖励。事实上,Smith(1988)主张外在奖赏可能有反作用。

告诉孩子读书或写作的回报将是请他吃一顿,给他一个纪念品、一张笑脸贴纸或加分,那么孩子所学到的就是从阅读中获取利益。每个孩子都知道,任何事情只要是被勉强去做的,不论事情本身的出发点有多好,都不值得去做。(p. 124)

研究结果告诉我们什么?

没有一项研究结果支持和建议使用奖赏促使孩子阅读,而且大多数研究者与Smith的想法相同,认为奖赏可能有害处。

McLoyd(1979)让二年级与三年级的学生在三种情况下阅读"有趣度高"的书,这三种情况分别为:"高奖赏""低奖赏"与"无奖赏"。研究人员许诺高奖赏组的孩子,若是他们从六本书中选出最有趣的一本,就可以得到奖品。低奖赏组的学生则是要从六本书中选出最无趣的一本,并答应给他们奖品。

研究人员向孩子解释说,他们必须读到书中做记号

处，那个记号表示他们已读了250个词，而研究人员非常想知道他们对书的看法，如此才能获得奖品。对无奖赏组的孩子解释时则没有提到奖品，只是请他们读到做记号处，然后说出对此书的看法。阅读时间持续约10分钟。

两个有奖赏组的学生的表现并无统计上的区别，不过却都明显有别于无奖赏组。有奖赏组的孩子显然都只读到做记号处，以求得到奖品，很少会读超过250个字。无奖赏组的孩子却远远读到超过记号处，他们读的长度超过有奖赏组的两倍。

孩子显然非常愿意在没有奖赏的情况下阅读（《哈利·波特》系列的畅销就是很好的见证），而且当被问到如何鼓励阅读时，孩子比老师更不会想到用奖赏的方式。

Worthy（2000）询问419位中学生与35位教师如何增进学生阅读动机，选择的学校涵盖各个种族与社会阶层。

学生们被问道："你的语文老师该如何做才能让学生有更多动机去阅读？"学生须写下3条建议，Worthy最后一共收到509条建议。教师被问道："你认为增进学生阅读动机最好的方法是什么？"并且被要求提供多个建议。两组人都建议要提供较有趣的书（45%的学生与35%的教师如此建议），也都同时建议要让学生有更多选择机会以及更多大声朗读的时间。9位学生建议要有更多阅读时间，不过没有一位教师建议这一点。

引起我们兴趣的是使用奖励的方式。"教师与学生对于使用奖励有截然不同的建议。虽然29%的教师建议用奖赏与强迫(就是用分数与唠叨敦促)的方式让学生阅读；

• *孩子阅读就给奖赏其实传递出阅读是件不愉快的事，或是没有奖品就不值得阅读的信息。*

却只有9%的学生的意见属于此类，而且多半显然是以开玩笑的口吻（例如：读一页给十块钱）。"（p. 448）

Worthy指出："虽然许多教师都说到要培养内在的阅读动机，但是超过半数的教师也说，曾经采用外在的激励方式来增强学生的阅读动机。"（p. 448）

Ivey与Broaddus（2001）也有个类似的研究，他们访问1765名六年级学生，当被询问到哪些事物曾激发他们阅读的兴趣时，只有7%提到了外在的奖励。

Bintz（1993）也发现许多教师相信奖赏的功效。他问教师哪些事情可以增进学生的阅读兴趣，教师们觉得学生普遍对阅读没有兴趣，必须强迫他们去阅读，而且让他们觉得自己要"为此负责"。Bintz的结论是，许多教师没注意到，这些他们口中"不爱阅读"的学生，其实在校外非常热爱读自己所选择的书。这些学生不是抗拒阅读，而是抗拒读学校指定的东西。

阅读管理方案

许多研究试图找出阅读管理方案的效果。所谓阅读管理方案（reading management programs）的做法是，学生所读的东西会被考试，然后根据考试成绩给予奖励。McQuillan（1997）总结关于这些方案有效性的研究结果，结论是没有证据显示它们对提升阅读能力或是阅读态度有帮助。我最近也总结了与这些方案有关的著名研究——加速的阅读者（Accelerated Reader, AR）（Krashen, 2003d），以下总结我的发现。

• 当被问到如何能鼓励阅读时，学生很少提到使用奖赏的方式。

AR有四个要素：

1.提供孩子足够的书选读。

2.学生自己选择想看的书（加速的阅读者建议学生每天自由自主阅读一小时）。

3.学生接受所阅读的书的词义测验,并因此得到一些分数。

4.学生用累积的分数换取奖品（加速的阅读者的负责团队说此项要素并非原始设计，而是应学校要求而加的）。

不难想象一个具备要素1与要素2的方案能够提高学生的阅读能力。如本章讨论过的，有充分的证据显示，只要容易取得易懂、有趣的书籍，孩子自然会读更多的书。第一章中也说过，读得越多的人也会读得越好。现在需要弄明白的是，要素3与要素4是否有任何作用？考试与奖励有帮助吗？要证明此点，需要弄明白AR的成效是否比只提供充足书籍与更多阅读时间更有效。不幸地，还没有人进行过这样的研究。

- *关于AR的研究并未提出测验与奖赏对阅读有帮助的证据。*

关于AR的研究

大多数关于AR效果的研究，是将参加AR的学生与参加传统语言课程的学生进行比较。传统的语言课程并不特别鼓励阅读，也不会提供更多接触书籍的机会以及阅读的时间。多数研究结果显示，AR学生的测验成绩比对照组学生好，不过，却不能说清楚究竟是AR的哪些部分起了作用。我在Krashen（2003d）中详细叙述了这些研究的细节。

不过，也不是所有这类研究都指出AR的结果优于传统的语文教学。Goodman（1999）的研究指出，经过一个学年，AR学生在一项标准化的阅读理解测验中成绩只进步了三个月。AR官网上的一个报告（renlearn.com；Report 36）记述了在两个初中班级实行AR一年的结果，其中一个班级有进步，另一个则无。Mathis（1996）比较一群六年级学生参加AR一年的进步情况，并与未参加AR之前一年的进步情况作比较，两者并无差别。这也许可以用AR进行的时间不够长，以至于效果还不显著来解释（记得吗，持续默读的时间越长，则效果越好）。不过，这个说法却无法适用于下面的研究结果。

Pavonetti、Brimmer与Cipielewski（2003）让三个地区的七年级学生做书名辨识测验（Title Recognition Test）。书名辨识测验是一项与其他阅读量和阅读成就测验高度相关的测验（请参考第一章中的"作者辨识测验"）。他们发现若将三个地区的学生一起考虑，则有没有参加AR并没有显著差别。

试图找出AR有效原因的研究只有三个。而这三个研究都一致指出，参加AR的学生较常接触读得懂的书，而且其中两个研究中的对照组学生完全没有休闲阅读。三项研究的结果并不一致，也不明确。[6]

关于AR的结论

尽管AR相当普遍，我们必须说，目前尚无确切证据证明它的效果，没有实际的证据说明加入测验与奖赏会比仅仅提供有趣的好书以及更长阅读时间有效。

这并不是说，我已经证明AR是无效的，我只是说支持的证据尚未出现。虽然McLoyd的研究结果指出，奖赏

其实对培养阅读有害，在没有更进一步的证据前，我们必须对此持保留态度。而我们目前能下的结论是，AR企图达成的目标并未被研究证实。让学生参加AR并接受测验前，更实际的做法是确保学生有充足的高质量且有趣的书可读，同时有时间与适当的地点来读这些书。[7]

1 这些结果总结如下。所有例证中，贫穷都是显著的学业成就预测变量。平均每位学生能获得的书籍数量与图书管理员人数也都是稳定的学业成就预测变量。某些研究中，即使贫穷变量受到控制，这些关系仍然存在，但在另一些研究中，却是当贫穷变量未被控制的情况下这种关系才存在。

测验成绩预测因子

研究	科罗拉多Ⅱ	阿拉斯加	宾州	俄勒冈	德州	印第安纳	麻州	艾奥瓦
	阅读理解	阅读理解、语文、数学	阅读理解	阅读理解	阅读理解	语文能力、数学	语文、数学、科学	阅读理解
贫穷	有	有	统计控制	有	有	统计控制	有	有
书籍	有*	无	无	有*	有	有	有	有**
图书馆员	有*	有**	有	有*	有	有	有	有**

* = 书籍与图书馆员合并为一个因素。
** = 若无控制贫穷则有区别。
资料来源：科罗拉多Ⅱ = Lance, Rodney, & Hamilton-Pennell (2002a)；阿拉斯加 = Lance, Hamilton-Pennell, Rodney, Petersen, & Sitter (1999)；宾州 = Lance, Rodney, & Hamilton-Pennell (2002b)；俄勒冈 = Lance, Rodney, & Hamilton-Pennell (2001)；德州 = Smith (2001)；印第安纳 = NCES (2000)；麻州 = Baughman (2000)；艾奥瓦 = Rodney, Lance, & Hamilton-Pennell (2002).

2 其他反对过分强调注重音素（phonemic）与自然发音的主张请参见Krashen（2002, 2003b）、Smith（1994b）。

3 Fry公式是以随机选取的3个一百字的样本为基础。这些样本的差异可能很大。例如，表2.6中《绿巨人浩克》所选的3个样本的差异就极大（5.5、9.2、1.9）。Daniel Krashen曾提醒我，说9.2的样本2可能选自浩克的心腹朋友——布鲁斯·班纳（Bruce Banner）所说的话。班纳是个科学家，而他的话反映了他的专业。

4 虽然父母与教师比较容易接受经典漫画，证据显示，孩子间不一定非常流行此类漫画。Wayne（1954）访问290位七年级学生，问他们最喜欢哪一类型的漫画。每位受访学生都得从15个种类中选出4种。经典漫画在15类中排名第9。当学生被问到最喜欢的漫画是什么，但不提供选项时，经典漫画则从未上榜（此类研究的文献回顾请参见Witty & Sizemore, 1954）。Michael Dirda在他的阅读自传中分享他热爱漫画的经验，但是他告诉我们："我从未真的喜欢那些严肃又爱说教的'经典漫画'……谁会想从书架上取一本《修道院与家庭》（*The Cloister and the Hearth*）的漫画来看呢？"（Dirda, 2003, p. 56）

5 有些人担心漫画书中的图画会让孩子忽略文字，甚至干扰孩子对阅读的学习（Wertham, 1954）。不过，根据语言学习理论，图画是有助于学习文字的，因

为对于不熟悉的词或语法结构可以通过漫画提供的线索来了解其意义，换言之，可以让文字更容易被理解（Krashen, 1985）。就像有位漫画读者，一个13岁以下正在学习第二语言——英语的孩子所说的："漫画有图画……彩色图画来帮助读者了解诸如发生了什么事，如何发生的以及正如何演变等故事情节。"（Guofang，引述自Norton, 2003, p. 143）

但是有些孩子的确略过文字，只看图画。Bailyn（1959）发现她研究的五、六年级看漫画的男生中，有27%是"基本上只专注在图画上"。Arlin与Roth（1978）的持续默读研究发现，阅读能力差的人看漫画时，比起阅读能力好的人，更容易将注意力放在图画上。

为何有些孩子为图像阅读者（picture readers）？乍想之下，图像阅读的症状令人不解，因为就大部分的漫画来说，图像本身无法说明故事全貌，而且孩子一般也不会视而不见图画中的文字。以下为一些可能的解释：

艰涩的文字与诱人的图画共存。虽然读者可以容忍文字中含有一些"噪音"，但是过多不认得的字会削弱孩子努力去理解文字的愿望（Frebody & Anderson, 1983）。二年级学生可能不会想要试着理解漫画《X战警》（X-Men）或《对立》（Negation）中相当复杂的文字或故事情节，但可能觉得其中的图画非常有趣。

对阅读的错误假设。有些读者也许能读懂漫画书中绝大部分的文字，但并不愿意去读它们。可能是他们对阅读存有错误的假设，使他们不愿试着读其中的文字。或许是因为学校中的阅读课让他们产生了错误的印象，觉得要读就得读懂每一个字。这种假设会引发一连串糟糕的结果：越读越少，结果根本没有机会培养出阅读能力并学习更多语言。

以上这些都只是有可能而已。Frank Smith曾对我说，如果这些是真的，就算禁止看漫画也禁止不了孩子的图像阅读行为。看更多漫画，而不是更少，或许为解决之道。通过阅读更多的漫画，孩子对漫画的兴趣或许能刺激他试着阅读其中的文字。

6 一个研究报告呈现两个版本：Vollands、Topping与Evans（1996）的是一篇ERIC报告，而Vollands、Topping与Evans（1999）的是一篇较短的版本，刊登在《阅读与写作季刊》（*The Reading and Writing Quarterly*）上。报告中包含两个独立的研究，每个研究都持续六个月。这两个研究都将AR是与一组从事休闲阅读的学生作比较。

Vollands、Topping与Evans：计划A——如Krashen（2003d）中讨论的，这项研究并未提供清楚的证据支持AR。对照组的孩子必须对他们所读的东西写出"反馈性文字"，而AR组的学生除了自主选择阅读外，还会有人朗读给他们听。Jeff McQuillan（私下交谈）曾说过，如果将朗读时间并入持续默读时间，

那么AR组的学生沉浸在可理解的读物中的时间为
3 225分钟，远比对照组的2 850分钟要多。如本章
稍早提过的，朗读对语文能力的培养极有帮助。

结果并不是很明确。AR组在一项阅读理解测验以及
一项阅读正确性测验中的进步较多，但是两组学生
在另一项阅读理解测验上却都退步了。不过，这时
是以AR组中随机选取的学生为样本，只是AR组似
乎退步得比对照组少而已。

这项研究并非只是比较AR与休闲阅读。该研究中两
组学生都必须为自己所读的东西负责，而且AR组比
对照组有更多时间接触可以理解的读物。

Vollands等人：计划B——这项研究中，对照组学
生也是参加一个奖励方案（incentive program）。

Vollands等人说："孩子读完他们的书后，会将名字
写在一个公开的告示板上。"（1999, p. 54）此外，
对照组学生读的书也来自自己挑选的小说，由学生
们自己朗读，而且事后学生们必须回答问题来测试
是否理解阅读的内容。这样就不是自由自主阅读
了。如果我们只考虑对照组真的属于自由自主阅读
的部分，那么，AR学生只比对照组学生略多一些时
间接触可理解的文字（详细的讨论请参见Krashen，
2003d）。

这项研究中的AR学生要参加考试，但没有奖励。不
过考试分数会被公开。

研究结果并不一致。对照组在一项阅读理解测验

〔爱丁堡（Edinburgh）〕中的进步较多，但是AR组在另一项阅读理解测验〔尼耳（Neale）〕中的进步较多，而对照组在尼耳测验上几乎完全没有进步。这实在是令人费解的结果，因为对照组被认为是好的读者（good readers）。这个不一致的结果可能是因为所有对照组的26位学生以及几乎所有AR组的学生都参加了爱丁堡测验，但是只有AR组随机选出的11位学生以及对照组随机选出的12位学生参加了尼耳测验。

很难从这项研究中下什么定论：两组学生有相似的阅读诱因（被肯定），而结果是混杂的（mixed）。

Facemire（2000）也使用喜爱休闲阅读的学生为对照组研究对象。AR组的学生为15位西弗吉尼亚高度贫穷地区的三年级学生。9周之后，AR组学生语文能力程度进步了5个月，对照组进步了3个月。这个研究一开始的方向是正确的，不过还是有一些问题。

首先，AR组的阅读时间很可能比对照组多。AR组学生每天"至少"有20分钟的持续默读时间，而对照组则刚刚好20分钟。对照组学生可以使用图书馆，而AR组每周规律设定80分钟去图书馆。

其次，每组都有一位表现极度异常的学生。AR组有个学生在9周的时间内进步了2.3年的程度，而对照组则有一位表现异常糟的学生，9周研究期间程度退步一年多。如果扣除掉这些异常份子，两组的表现几乎一致：AR组进步4个月，对照组进步3个半月。

7 一项针对日本以英语为外语的学生的研究（Kitao,

Yamamoto, Kitao, & Shimatani, 1990）有一些有趣的统计数字，说明平常奖励阅读的方式不甚管用。他们比较将分级读物列为必读书目和将分级读物作为加分读物两种情况。所有学生都必须交读书报告以获得分数，一共有220本分级读物可以选读。

那些规定必须阅读的学生只读了指定的部分：93位学生中有92人读了指定读物，其中87人只读了一本。207位读了可加分读物的学生中，只有69位有交读书报告，其中平均每位学生略多于两篇（2.2）。

为何会有这些悲惨的结果？有以下几种可能性：

1.写读书报告让人不想阅读。

2.所选的书一点都不有趣：即使学生评这些书为有点有趣（选项为1到6分，平均为4.44），"有趣"也并非促使学生阅读的主要原因。当被问到什么原因促使学生阅读时，只有5位将"有趣的书"列为首要原因，而且也只有17位将此列为次要原因。

3.学生在校外很少有时间阅读。当不阅读的学生被问到为何不阅读时，128位中的70位指出，太忙是最主要的原因，而另有37位将此列为第二原因。

我们能下的结论是，让大学生为了分数，或加分以及必须写读书报告等原因去读分级读物，是没有什么显著效果的。

Chapter 3
其他问题与结论

阅读的局限

即使读者自由自主地阅读了大量适宜的文字，也无法完全熟悉一般写作的规则。就算是博览群书的人也会有难以克服的写作障碍。通常，这些障碍都极其微小，而且许多读者会意识到曾经遇过这些问题。以下是一些例子：

> • *即使有了大量的自主自由阅读，语文能力程度的落差仍然存在。*

拼写恶魔：例如，是"committment"还是"commitment"才对呢？以及是"independence"还是"independance"才对呢？

标点怪兽：逗号应该在引号里面还是外面呢？

语法梦魇：A large group of boys is（还是are？）

expected to arrive tomorrow.

这些错误通常不会影响沟通。例如，写成
"independance"不会影响它是"independence"的意思。
遵照规则来写作却是非常必要的，因为当读者发现这些
错误时，会觉得非常困扰，而且可能因此无法将注意力
集中在作者想表达的意思上。

为何连饱读诗书的人也会有这些困扰呢？是什么
原因造成读者无法完全熟悉写作语言呢？一个可能的
解释是，当人们在阅读时，并不是所有印在纸上的东
西都同样吸引读者的注意力。也就是说，要充分了解
文意并不需要了解印在纸上的所有细节。研究已经证
实（Goodman，引述自Flurkey & Xu, 2003; Smith,
1994b），流利的读者会对即将阅读的东西事先形成假
设，这些假设是根据他们已经读过的东西、他们对世界
的认识、对语文的了解而建立的。因此人们在阅读时，
只会将注意力集中在验证假设的部分。例如：大多数读
者都能猜到这句话的最后一个字是什___，阅读程度不
错的读者并不需要仔细小心地读到句末"___"中的"么"
字也能了解整句的意思，前面的信息就足以让他们确认
"___"的位置应该是个"么"字。

因此，阅读能力够的人不会将注意力放在书中的所
有细节上，所以可能会忽略its和it's的区别，或是某些字
的结尾究竟是ence还是ance。这些小小的困扰，依我之
见，是培养流利阅读能力过程中值得付出的小小代价。[1]

除了上述的原因外，有些研究人员假设，情感的因

- *好的读者不会将注意力放在书中所有细节上。*

素（affective factors）也可能让人忽略语言的某些部分。Dulay与Burt（1977；也可参见Dulay, Burt, & Krashen, 1982）主张，学习语言的人要能进步，必须能对接收到的信息（input）采取开放的态度，也就是要有个低度的"情感过滤器"（low "Affective Filter"）。学习语言时，若是过度紧张，或是有防卫心理，即使能够理解输入的信息，但是这些信息也到达不了大脑中负责语言学习的部位〔即Chomsky所谓的"语言习得机制"（language acquisition device）；请参见Chomsky, 1965〕。"情感过滤器"会阻挡这些信息，并将之排除在外。

> • "情感过滤器"会阻止输入的信息传送至"语言习得机制"。

Smith（1988）曾指出，当学生觉得自己具有成为某团体或社团一分子的潜力时，许多学习不费吹灰之力就发生了，而且他们会非常渴望学习。例如，青少年独特的穿着方式、彼此间讲的黑话以及特殊行为模式并非刻意学习而来，而是从观察同龄人，并决定效仿而学来的。相似地，Smith主张，当一个人自己觉得具有成为"读写俱乐部"（literacy club）（就是既爱阅读，又好写作的一群人）成员的能力时，便会"像个作家般阅读"（read like writers），并大量吸收作家所需具备的知识。Smith的想法与"情感过滤器"的假设有许多不谋而合之处：自认为具有成为"读写俱乐部"成员的潜力会降低一个人的情感过滤程度，使阅读时输入的信息得以到达"语言习得机制"。[2]

> • 当自己认为具有成为"读写俱乐部"成员的能力时，便会大量吸收作家所需具备的知识。

如何做才能跨越那些即使大量阅读，并且加入读写俱乐部后却仍然存在的微小障碍呢？这个问题的确值得

关注，因为现今社会对写作的标准是百分百正确。对于原本就是要写来供人阅读的作品，拼写、标点符号以及语法的错误都是不允许出现的。非正式的电子邮件（e-mail）除外。

直接教学以及使用语法工具书都有一些帮助。不过，这样刻意地学习语言的效果非常有限，而且也必须小心为之，因为既要书写出创意，又要顾虑写作的格式与正确性，实在是件令人沮丧的事。有经验的作者深谙此道，并且会尽量将"编校"的工作留到初稿完成时才做，因为此时他们的想法都已经记录在纸上了（可参见Sommers, 1980）。因此可以合理猜测，只有比较成熟的学生才能培养出这些大量刻意的知识，所以，将直接教学延后至高中再进行可能是比较有效的做法。

• *直接教学可以弥补一些缺陷。*

大量自由阅读以及真心想成为读写俱乐部一员的努力，便足以使人熟悉大部分的写作规则。读得够多，自然会读到好的语法、正确的拼写与独特的写作风格，如此便轻而易举地吸收了这些精华。

写作

写作值得我留更多篇幅来谈论，不过，我的目的不是要引一堆文献来谈对写作的了解，也不是要谈写作能力该如何培养，我只想点出两个重点：

1.写作风格并非从写作经验中产生的，而是通过阅读产生的。

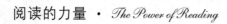

2.写作能帮助我们解决问题，使我们更聪明。

写作风格来自阅读

之前引述的研究结果告诉我们，写作能力是从阅读中培养的。更精确地说，从阅读中，我们学会写作风格这种独特的写作语言。之前已经看过太多的证据：第一章中，参加自由阅读方案的学生的写作能力较佳（例如：Elley & Mangubhai, 1983; Fader, 1976中引用的McNeil）以及自称阅读较多的人，写得也较好（例如：Applebee, 1978; Alexander, 1986; Salyer, 1987; Janopoulous, 1986; Kaplan & Palhinda, 1981; Applebee, Langer, Mullis, Jenkins, & Foertsch, 1990）。第一章中也说到，Lee与Krashen（1996）与Lee（2001）证实，写得好与读得多两者间的相关性在中文中也成立。

还有其他原因让我们猜测写作风格由阅读而来。第一章中的"语言复杂性论点"也适用在写作上。"正式"写作用语和日常生活口语用法的差异大到无法一次只学一个规则。虽然读者能够分辨出好的作品，研究人员却还无法完全成功地描述"好"的写作风格究竟为什么好？因此，有理由怀疑写作风格并不是通过有意识地学习而来，大部分是"吸收"来的，或者说是由阅读中潜意识地获得。

• *正式的语言复杂到无法一次只学一种规则。*

人们一般的想法是写作能力是从实际写作过程中培养的。阅读假设则宣称至少就写作风格来说，这是错误的说法。Smith（1988）告诉我们为何不能从写作过程中学

写作：

> 我想，"我们如何学写作"的答案不应该是"从写作中学来"，只要想想每个人，即使是最积极写作的学生，在学校中写作的次数是如何的少，而且获得的回馈何等缺乏便很清楚……没有一个人的写作经验能够使他学会作家所需知道内容的一小部分。（p. 19）

研究结果印证了Smith的想法。

实际在学校中提供的写作机会显然不很频繁。下面是一个典型的报告：Applebee、Langer与Mullis（1986）问学生在过去6个星期中，不论任何学科，一共写过多少论文或报告，只有18.6%的受访四年级学生说写了超过10篇，而十一年级学生则只有7.8%说超过10篇。

学生在校外的写作也不多。Applebee等人访问的学生中，十一年级的学生在校外写作最多，不过仅17.4%有写日记的习惯，37.3%会写信给朋友，而74.8%说每周至少会写些留言或是简短的词句。（类似例子请参见Applebee et al., 1990，以及Snow, Barnes, Chandler, Goodman, & Hemphill, 1991。）

Rice（1986）所作的研究，让我们得以粗略比较校外阅读与写作的频率。Rice调查数组学生的阅读与写作行为，我介绍其中的一组（语言能力高的成人组）为代表。这组人平均每周的"总阅读时长"为15.1个小时，而写作只有2个小时（其中1.9个小时花在写些简短的东西上，0.1个小时花在写较长篇幅的东西上）。即使假设在极慢的阅读速度（每分钟200字）与极快的写作速度（每分钟

- 写作不是从写的过程中学的。

- 一般学生实际的写作量非常小。

打60字）下，人们在阅读中处理的字数仍远比写作中多，比例约为25∶1。更真实的比例可能是接近150∶1。考虑语言习得的复杂性，这样的数据显然不支持写作是获得语言能力的重要方式这样的论述。（类似的估计阅读与写作的频率的研究请参见Evans & Gleadow, 1983。感谢e-mail的出现，现在人们写字的时间可能增加不少。不过就我所知，还没有人研究过这点。）

> • 人们在阅读中遇到的语言远比写作中要多。

写得多不代表写得好

另外有些研究也证实，学生不论在校内或是校外都不常写作：新近发表的2003年美国国家写作委员会（American National Council on Writing）的报告指出，根据NAEP的资料，小学生每周花在写作业上的时间不到3小时。他们建议学校让学生花两倍的时间在写作业上，并且坚持"所有年级与所有学科都应该要教写作"（p. 3）。然而，研究并不支持这个简单的结论，因为写得多并不意味着写得好。

尽管一些研究显示，好的作家会比差的作家花更多时间写作（请参见Applebee et al., 1990，以及Krashen, 1984的总结），但是增加学生的写作量并无法使他们写得更流畅。以英文为第一语言的相关研究有Dressel、Schmid与Kincaid（1952），Arnold（1964）及Varble（1990）。Lee与Krashen（1997）及Lee（2001）针对以中文为第一语言的研究显示，写作频率与写作质量之间并无关系。Hunting（1967）描述一个未发表的学位论文研究，指出写作量与

作品质量之间没有关系。Lokke与Wykoff（1948）的研究是个例外，他们发现每周写两篇文章与每周写一篇文章的大一学生的写作能力有一点不同。此外，Hillocks（1986）在阅读了大量论文后，其中包括未发表的学位论文，发现强调自由写作的写作课并不会明显优于对照组的写作课。

第二语言的研究有Burger（1989）与Mason（2003）。Burger的研究对象为加拿大渥太华的学生。这些学生通过有主题的课程来学习第二语言——英语（虽然是语言课程，但是上课的内容却是有特定主题的）。她说，多加一门会修改学生文章中错误的写作课，对写作质量没有影响，也对一般英文能力测验的结果没有影响。

Mason（2003）在一项日本成人（大学生）学习英文的研究中，比较了三种补充活动对自由自主阅读效果的影响。这三种活动分别是以第一语言（日文）写下简短的读后心得，以第二语言（英文）写下读后心得以及除以第二语言写下读后心得外，同时会被纠正写作中犯的错误。她发现经过三个学期以后，这三组人在写作正确性上的进步并无差异（阅读成绩也是）。此外，额外花的写作时间显然对语言学习没有帮助：以英文写作的两组人每周多花两小时的时间写作，但是语言程度并未提升。

写作风格来自阅读而不是写作的假设，也与我们对语言学习的了解一致：语言学习从输入的信息中产生，而不是输出的信息（output）；从理解（comprehension）而来，而不是制造（production）。因此，如果你每天写一页东西，你的写作风格或是驾驭文字的能力并不会进

- 多项研究显示增加写作的量并不会影响写作的质。

语言学习从输入的信息产生，而不是输出的信息；从理解而来，而不是制造。

步。不过，写作还是会带来其他益处，我们将在下一小节讨论。

据我所知，还没有一项研究试图寻找一个人阅读的东西和他写作风格之间的关联。这样的关联性必然是存在的，因为不同的风格具有不同的语言特征。Smith（1988）就曾注意到这点，并且提出忠告："想要写报纸的新闻报道，必须先读报纸，只读教科书上的介绍是不够的。要想写杂志的文章，就得读杂志，而不是上一门杂志写作课。至于想要写诗，就去读诗吧。"（p. 20）

然而，"读任何东西都可能对写作有帮助"这很可能是真的，至少一部分是真的。虽然有各种不同风格的散文，不过它们彼此之间总有不少相似之处（Biber，1986）。例如，所谓的叙事风格（narrative style）就具有部分正式说明文（formal, expository prose）的特征。读小说无法让你成为出色的论文专家，要想写出出色的论文，你得读足够多的论文才能掌握论文的写作风格。不过，读小说还是能让你多少了解一些论文的特征。一个阅读过小说的人，总是能比很少读书的人写出较接近论文格式的论文。而就像整本书一直强调的，即便是轻松的读物也能培养阅读较深读物的能力。

写作究竟有何作用

虽然写作无法帮我们培养写作风格，它却有其他的益处。就如同Smith（1988）说过的，我们为了两个理由写作。首先且最明显的是，写作是为了与人沟通。但或许更重要的是，我们是为了自己而写作：为了理清以及刺激自己的想法而写作。即便是有作品公之于世的作家，大部分的写作仍是为了自己。

如同Elbow（1973）注意到的，脑海中很难同时存在许多想法。当我们把想法写下来时，那些模糊与抽象的部分会变得清晰与具体。当想法被呈现在纸上时，我们可以看清它们彼此间的关系，并且产生更好的想法。写作，换句话说，会让人变聪明。

• 写作可以帮助我们想得更彻底，并且解决问题。

有写日记习惯的读者一定深知此点——当你遇到问题时，你将问题写下来，至少一部分的问题自然就解决了，有时甚至整个问题都不见了。

下面就是一个例子，这是一位读者在1976年时写给Ann Landers的一封信：

亲爱的Ann：

我是个二十六岁的女孩子，我想问你的问题实在有点蠢，但是——我到底该不该嫁给他呢？我说的是杰瑞，他已经三十岁了，但行为举止有时候却像是只有十四岁……

杰瑞是个销售员，很会赚钱，可是自从我认识他以来他已经丢过三次钱包了，而且我还得帮他交汽车的分期付款。

我想最令我困扰的是，我觉得他并不信任我。每次约会结束后，他都会打电话给我。他的解释是要"再道一次晚安"，但我确信他是想查探我是否和其他人有深夜的约会。

有天晚上我在洗澡而没听到电话响，他竟然就来我住的地方，并且在走廊上坐了一整晚。直到第二天清晨约六点半，我开门拿报纸时，才发现他睡在门外的秋千上。我费了好大的劲去让他相信我整晚都在家里。

现在说说他好的一面：杰瑞长得很帅，我很着迷于他的外形。好吧——也就这样了。我已经坐在这儿，握笔十五分钟，努力想找出他的其他优点，结果竟再也想不出半点。

你不用费心回答我的问题了，你给我的帮助已经超乎你的想象了。——放亮眼睛的人。（经Ann Landers与Creators Syndicate同意后引用。）

Langer与Applebee（1987）进行的一系列研究是说明写作有助于思考的最佳例证。他们让高中生研读一段社会研究的文章后，请一部分学生以分析式的小论文回答一个关于文章内容的问题，其他学生则使用另外的学习方式（例如：记笔记、回答问答题、写摘要、不需写字的正常学习），然后，以多种方式测验学生对文章的了解度。Langer与Applebee的报告中说："大体上，任何有写作形式的学习，结果都比只有读而完全没有写作要好。"（p. 130）他们的第三项研究发现，若是读的文章内容太浅，则写小论文对维持较好的记忆并没有帮助；但是当文章的难度高时，则写小论文的学生表现得比用其他任何一种学习方式学习的学生都好。Newell（1984）、Marshall（1987）以及Newell与Winograd（1989）的研究也有类似的结果。

有时即使只是一点点的写作也能造成很大改变。Ganguli（1989）研究大学数学系的学生，若是学生们

• 研究显示写作可以帮助思考。

每节课都花三分钟写下这堂课所教的重要概念，则期末考试的成绩会远优于对照组的学生。想知道更多其他支持"写作使人更聪明"假设的研究，可参见Applebee（1984）、Boice（1994）与Krashen（2003a）。[3]

📚 电视效应

看电视对阅读以及语言其他方面的发展有负面影响，是个普遍的假设。至少有两个最常用来反对看电视的论点。首先，看电视会花掉太多时间，这些时间应该花在阅读上〔也被称为"取代论点"（Displacement Argument）〕。我们将会看到支持此论点的证据并不明显。

第二个反对看电视的论点是，电视节目无法提供刺激语言发展的信息。研究结果支持此论点：电视中的语言远不如书本中的语言复杂。然而，适度地看电视似乎并无害处。研究结果指出，除非看过多的电视，否则看电视对语文能力测验与学校表现并没有显著的影响。

看较多电视会减少阅读吗？

看电视会减少阅读时间是个普遍的观点，但是支持此观点的例证却很少。一些Carlsen与Sherrill（1988）研究的大学生怪罪电视使他们不能好好阅读，而下面这个学生则说是电视削减了他的阅读兴趣："一直到五年级时我都非常热爱阅读，然后这个独眼怪兽，也就是电视，进了我家客厅……最糟的就是，电视取代了我的故事

• **看电视对阅读以及语言其他方面的发展有负面影响，是个普遍的假设，事实却不然。**

书。"（p. 138）

一些例证研究证实这个观点：Medrich、Roizen、Rubin与Buckley（1982）在一项针对六年级学生的研究中指出，平常看大量电视的学生，与看电视为中度量的学生相比，没有规律的休闲阅读习惯，看电视中度量的学生又比看少量电视的学生阅读得少。看电视的量也与家庭经济收入有关，收入较低家庭的孩子，看电视的时间明显比较长（Comstock & Paik, 1991有关于此方面的文献回顾）。如同我们已经知道的，低收入家庭的孩子很难取得书本。因此，电视与阅读之间的关联也许是假的。二者的关联是贫穷家庭孩子看电视时间长，并且无书可读。有没有书读，而非看电视的多少，才是造成孩子不阅读的原因。如此解释与其他说电视与阅读之间无关的研究结果相一致。以下将介绍这些研究。

当电视还是新鲜玩意儿时，它可能取代阅读，这只有在家庭中刚开始有电视（Brown, Cramond, & Wilde, 1974），而且看电视的人年纪很小时才有影响（Burton, Calonico, & McSeveney, 1979研究的为学龄前儿童；Gadberry, 1980研究的为6岁孩子）。有些很早的研究是美国刚开始有电视的年代做的，结果也显示看电视的人比较少阅读（Coffin, 1948; Maccoby, 1951）。1965到1966年间针对14个国家进行的调查（Robinson, 1972）也得出相同的结论。

当电视被普及后，看电视的人和不看电视的人，两者的阅读量已不分上下（Himmelweit, Oppenheim, &

Vince, 1958）。随后在美国进行的研究也指出，看电视与阅读之间没有关联（Schramm, Lyle, & Parker, 1961; Robinson, 1980; Zuckerman, Singer, & Singer, 1980；但是McEvoy & Vincent, 1980的研究指出，阅读量低与阅读量高的人，看电视的量没有差别，但是不阅读的人则看较多的电视）。Robinson与Godbey（1997）的研究指出，美国人在1965到1985年间，花在看电视上的时间在增长，花在阅读书籍、杂志上的时间也略微增加，不过看报纸的时间却减少了。[4]

在一项针对三个家庭进行的研究中，Neuman（1995）得出的结论是，当"故事时间"成为一项"规律的家庭活动"（a structured family activity），总是在固定时间进行时，看电视几乎无法取代孩子阅读故事书（p. 168）。她说，人们之所以会看电视，往往是"因为没有其他更有趣的活动可做"，因此电视成了代替的活动（default activity）（p. 170）。

一些研究指出，事实上电视可以增进阅读：将书本改编为电视剧会增加这本书被阅读的机会（Himmelweit, Oppenheim, & Vince, 1958; Busch, 1978; Wendelin & Zinck, 1983; Campbell, Griswald, & Smith, 1988）。出版业研究群（Book Industry Study Group, 1984，引述自Neuman, 1995, p. 103）的报告指出，他们研究的学生中，不超过4%的人说，曾因为在电视上听到或看到一本书而去把它找来读。可能电视并不促进阅读，而是"对已经有阅读习惯的观众，可以改变他们的阅读选择"（redirects

• 当电视还是新鲜玩意儿时，它可能取代阅读；当电视很普遍时，这种情况便不会发生。

the existing reading choice of an audience）(Beentjes &
Van der Voort, 1988, p. 392)。

　　也有人主张，电视之所以会抑制阅读或其他语文活动，是因为电视剧中的人物很少在阅读或写作，或是举止看起来像是有读书、写作的样子。如同Postman(1983)曾经指出的：

　　很明显的，电视上出现的成年人大多数被描写成缺乏语文能力的样子，他们不只是表现出对从阅读中学习的一无所知的样子，也无丝毫迹象显示出他们的大脑有思考的能力。(p.12)

电视语言

　　本节一开始提到的第二种对电视的指控有一些证据基础：电视不提供高质量的语言信息。

　　Fasick（1973）的报告指出，童书使用的词句显然比儿童电视节目使用的语言复杂。例如，童书中64%的句子（5本建议朗读给学龄前儿童听的童书）是复杂的，而相比之下，儿童电视节目〔《袋鼠船长》(*Captain Kangaroo*)，与另外两部卡通〕则只有34%。而且，书中的复杂句子含有较多从句。换言之，书中的复杂句子较难。Fasick的结论是，电视语言的复杂度只相当于平均五年级学生的说话水平。

　　Liberman（1979）分析20世纪70年代流行的电视节目，他对句子复杂度的分析结果与Fasick相似。此外，Liberman也指出，电视中出现的词汇量也很少。8个被分析的节目中，使用最多词汇的是M.A.S.H.，一共使用了3 395个词，但是

- 电视不提供高质量的语言信息。

- 童书的语言远比儿童电视节目的复杂。

- 电视中的词汇量相当少。

只有900个词是不同的。

Liberman的结论是："电视节目的词汇量很可能不超过5000词。"（1979, p. 604）想想一个一年级学生所有的词汇量估计就有5500到32000个词（Smith, 1941），这样的结果还真可悲。Hayes与Ahrens（1988）的研究支持Liberman的结论。这项研究曾在第二章中提过，记得吗，他们发现电视语言与日常交谈（不论是大人与大人之间还是大人与孩子之间）所使用的词汇都非常相似。这三者使用词汇的95%都不超出最常用的5000个英文单词。而书本，包括漫画书、童书与杂志，却都会出现许多不常用的词。

电视节目对低幼儿童开始学语言的阶段或许有些价值（Rice & Haight, 1986），不过，无论语言的复杂度还是词汇的量，都无法与阅读相比。

电视与语言发展

电视对语言学习各方面的影响已经被充分研究过了，包括：阅读理解、词汇、拼写和语言艺术。也有一些仔细回顾此类研究的文章（Williams, Haertel, Haertel, & Walberg, 1982; Beentjes & Van der Voort, 1988; Comstock & Paik, 1991; Neuman, 1995；亦可参见Neuman, 1988以及Foertsch, 1992所作的研究），它们都有类似的结论：

·电视的整体影响是负面但轻微的。事实上，这并不容易被测量。不论评估何种学习表现，看较多电视

·只有看过多电视时才有负面影响。

只是让阅读理解、词汇以及其他与学习有关的成绩稍微退步。

·有些研究发现，适度地看电视其实还会增加（一点点）测验成绩，也就是电视看得多一些，学校有关考试反而考得好一些。这个关系最多适用于每天看电视两小时。一旦超过这个界限，这种关系就变成负面的：电视看得越多，学校表现越差。若是每天看电视超过四小时，这个电视的负面影响就非常明显（例子请参见Neuman, 1988, 1995）。有趣的是，对于以英文为第二语言的孩子，电视看得越多，反而越有助于培养语文能力（Blosser, 1988）。这个结论对初学者又不适用，因为他们可能完全看不懂外语电视节目。

·一些证据指出，电视对较大的孩子（Neuman, 1988的研究针对高中生）以及社会经济地位较高家庭的孩子（Beentjes & Van der Voort, 1988）有较多负面影响，但是这种影响仍然有限。此外，正如你可能猜想到的，研究也显示电视的影响与孩子所看的节目内容有关。较低的成绩与娱乐型、冒险类节目有关（Neuman, 1988）。[5]

然而，一般而言，收看哪类电视节目与阅读测验成绩之间只是中度相关（Degrotsky, 1981; Potter, 1987）。Potter（1987）报告中唯一确定的关联是，看电视剧与科学知识之间为负相关。不过，Jonsson（1986）的研究指出，若是学龄前儿童的家长"帮助孩子消化与理解剧情，并且持续监控孩子看电视的情况"（p. 32），则之后孩子在学校的表现较佳。而五年级学生若是看较多的纪录片（documentaries），则六年级时的学业表现较佳。

电视：总结

许多电视上呈现的东西也许都不是很有价值，不过，电视显然不是导致"语文能力危机"的元凶。虽然许多电视节目的语言程度叫人不敢恭维，但也没有明确证据说是电视取代了阅读。仅有一个微弱的关联存在于看电视与学校表现之间。事实上，看一点电视似乎比完全不看电视要好，而且看电视对学习第二种语言可能是有帮助的。只有当看电视过量时，对孩子的负面影响才变得明显，也就是Trelease（2001）所谓的"看太多"（overviewing）电视。

稍微换个方式说，那些在语文能力测验中表现得好的人，都是比一般人阅读得多，但看电视略少的人。显然，并非电视的存在使孩子不去阅读，更可能是因为缺乏有趣的书，孩子才不阅读。Corteen与Williams（1986）赞成下面的说法：与其他研究结果相似，他们发现看电视的量与阅读成绩之间为负相关，但是这个关系的有效尺度却太小。因此他们的结论是："缺乏实际阅读的机会，就我们的想法，比电视的影响更重要。"（p. 71）[6]

最后的一些数据也证实了这个结论。Neuman（1995）比较极爱看书与极爱看电视（heavy TV watcher）、极爱看书与偶尔看电视（light TV watcher）、偶尔看书（light reader）与极爱看电视等三组孩子对书

• *电视并非导致"语文能力危机"的凶手，真正的凶手是缺乏读物。*

本的选择。前两组的孩子选择相同质量的书（依据一个衡量脑力挑战性、复杂度以及想法丰富度的标准），而且两组极爱看书的孩子选择的书的质量都比偶尔看书的孩子要高。看电视并不会取代阅读，也不会导致孩子选择质量较低的书。

第二语言的学习者

当第二语言的学习者因乐趣而阅读时，他们的语言能力便从初级的"一般会话"发展到更高层次，能使用第二语言从事更多不同目的的工作，例如学习文学、商业，诸如此类。如同本书稍早曾提过的许多研究结果所显示的，当第二语言学习者因乐趣而阅读时，他们不需上课、不需老师、不需学习，甚至不需与人会话，也能持续让外语能力进步（例如，第二章提到的Cho的甜蜜谷研究）。

也有非常有力的理由，鼓励第二语言学习者在休闲时阅读第一语言的书籍，如此可以在早期阶段加速第二语言阅读能力的培养。

首先，如果"从阅读中学习阅读"这一说法是正确的（Goodman, 1982; Smith, 1994b），那么很明显地，从阅读熟悉的语言中学习就是比较容易的事。因此，从阅读第一语言中学习会比较容易。一旦培养了阅读能力，许多证据显示，即使写作方式不同，这种能力还是会转移至第二语言（Cummins, 1981）。也有许多相关性的证

- 为了乐趣阅读可以使第二语言学习者不必进教室也能进步。

- 学习以第一语言阅读是培养以第二语言阅读的快捷方式。

146

据以及个案的故事支持这项假设（Krashen, 2003c）。

其次，如同第一章中曾讨论过的，阅读提供知识，关于世界的知识以及关于特定主题的知识。从第一语言中学得的知识，可以帮助人们理解用第二语言阅读时所读到的东西。

第三，假设"因乐趣而阅读的习惯可以转移到阅读不同语言的材料"这一说法是有道理的。那么一个喜爱以第一语言阅读的人，也会喜爱以第二语言阅读（Camiciottoli, 2001）。

支持该论点的证据来自以第一语言培养语文能力与主题式教学（subject matter teaching）的双语课程。研究显示，这类双语课程教英语的效果，比起整天都是全英语的课程毫不逊色，甚至更好（参考文献请参见Willig, 1985; Greene, 1997。Oller & Eilers, 2002有新近最完整的研究）。

休闲阅读也对想要继续培养第一语言或母语（heritage language, HL）能力的人有非常大的帮助。与一般人的想法不同，当住到国外时，要继续培养第一语言的能力极其不易。最明显的障碍就是缺乏第一语言信息的输入。如果只有在家中使用母语，当然能够培养的能力也就有限。其他的障碍较不显著，但有很有力的证据显示，一些说母语的人会经历一段抗拒或逃避母语文化的阶段（Tse, 1998），而可能因此避免使用母语。这些处于"种族矛盾／逃避"（ethnic ambivalence/evasion）阶段的人，不论是否能够取得第一语言的信息，

阅读的力量 • *The Power of Reading*

母语能力都不会进步。最后，一些母语说得不太好的人会说，当他们试着说母语时，会被母语说得好的人纠正，甚至取笑，以至于不想再说母语（Gupta & Yeok, 1995; Krashen, 1998b）。

对这些缺乏相关母语信息或是被嘲笑母语能力的人来说，帮他们解决困难的方法中，很重要的一部分是为他们提供充足的母语信息，而且要适合性格内向的人，那便是——休闲阅读。数个研究证实休闲阅读对培养母语能力有帮助。Tse（2001）说，那些能够"克服困难"，并且可以维持超水平母语能力的人，都是可以取得母语阅读材料的人，而且几乎都培养了为乐趣而阅读母语书籍的兴趣。Cho与Krashen（2000）发现，有四个独立变量可以预测第二代韩国移民说韩语的能力：父母使用韩语的频率、到韩国旅行的经历、看韩语电视以及阅读韩语书籍。McQuillan（1998b）说，大学中开给母语为西班牙语的学生的西班牙文课，若是强调愉快阅读以及讨论有趣的文章内容，会使学生更热爱阅读西班牙文，也使他们的词汇量增加。

我们很容易论断第一语言的休闲阅读对培养语言能力非常有帮助，但是实行起来却有很大的困难——不易取得书籍。美国有一大群说西班牙语的孩子，他们的英语能力有限。如第二章中说过的，这些孩子不论在家中（Ramirez et al., 1991）或是在学校（Pucci, 1994），都很少有机会取得西班牙文的书籍。[7]

• 能取得的第一语言或母语的书籍很少。

结论

　　我的结论很简单：当孩子因乐趣而阅读，当他们"上了书本的钩"（hooked on books）时，便不自主地、不费力地学会所有大家关心的语言能力。他们会培养出适当的阅读能力、学得大量词汇、发展出理解力、使用复杂的语法结构、建立好的写作风格，同时有不错的（但未必是完美的）拼写能力。虽然只有自主阅读无法保证孩子取得最高水平的语文能力，但是至少确定能达到可接受的水平，也可以提供处理烦琐文字工作所需的能力。[8]没有自主阅读，我怀疑孩子根本就没有机会培养好的语言能力。

　　阅读时，我们根本无从选择——必须培养语文能力。很少看到读得好的人会在语法、拼写等方面有严重问题。他们的写作水平也很不错，因为这根本无法控制，他们已经在阅读的过程中不知不觉地培养出了好的写作风格并掌握了几乎所有的写作规范。

　　然而，我并非在提倡一个只有自由阅读的语文课。我也认为，教师、图书管理员与父母指定或建议阅读的东西有其价值。就我的观点，语文课基本上是文学课（literature）。指定阅读与自由阅读是相辅相成的：从文学中，学生得以增长智能，并且接触更广泛的书籍，也因此可以刺激更多的自由阅读。事实上，一种让我们衡量一个文学课程是否成功的方式，就是它是否造就更多的自由阅读。话又说回来，自由阅读可以帮助培养语言

- 有阅读的孩子至少能培养出可接受的语文能力；没有阅读的习惯，孩子根本没这种有机会。

- 读得好的人也写得好，因为他们已在不知不觉中学到好的写作风格。

- FVR 并不能取代语言课程。FVR 应与语文课程搭配。

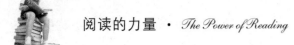

能力并促进智力增长，如此也使文学内涵更容易理解，也更有意义。

我们语文教育的问题，如同Frank Smith曾经指出的，在于我们搞不清因果关系。我们一直假设必须先熟习语文的"技能"，然后才能将这些技能应用到阅读与写作中，但这并不是人类大脑运作的方式。正确的方式应该是为了有意义的东西阅读。阅读与我们有关的东西，才是语文能力发展的原因。

• *我们一直弄混了因与果。*

即使这个观点只有部分正确，它也都意味着，我们需要为孩子创造一个读物丰富的环境，不论在校内还是校外。也意味着要让教师确信，营造这样的环境会让他们的工作更容易，而不是更困难，并且将会得到更令人满意的效果。

学校的行政部门必须知道当教师朗读给学生听时，当教师在持续默读时段中显得放松时，他们是在工作。行政部门必须知道，营造一个出版物丰富的环境并非奢侈浪费，而是必须。（行政部门要是知道营造一个出版物丰富的环境不一定要花大钱，应该可以松一口气：只要省几部计算机的钱，就可以显著改善学校的图书馆。）行政部门应该也很乐意知道，提供一个出版物丰富的环境，可以让教师的一天过得更轻松也更有效果，学生的阅读与语言能力会提升，在日常生活与标准测验中的表现都会更好。

• *让考试成绩更上一层楼的最好方法就是阅读。*

父母需要知道，念书给孩子听、让孩子看到父母为了乐趣而阅读以及从看漫画、图文小说、杂志与书籍中，

孩子所能获得的益处，远比让他们写从当地药店买回的特价练习册高太多。

最后，阅读会带来乐趣是毫无疑问的。如同我们已经看到的，研究报告中充满了孩子从自由阅读中获得快乐（请见第一章"阅读的乐趣"一节）和伴随指定阅读或作业本练习产生的无趣感的例子。也许"任何事只要快乐就好"的说法并不正确，但最有效培养语文能力的方式却正好是最快乐的方式。

1 Smith-Goodman关于阅读过程是确认假设的观点已经受到挑战。对于一些批判的讨论与回应请参见Krashen（1999）。

2 Smith的假设可以解释为什么即使大量阅读了特定写作风格的作品，有些人仍无法以此类写作风格写出让人接受的东西。我也阅读过相当广泛的作品，可是似乎只有写学术文章（或至少也是改良过的学术文章）才有信心，这也显示出我是属于哪一个社会群体的人（曾有人告诉我，我写的信读起来也像是学术期刊的文章）。相反地，Smith的假设也解释了，为何只读了欣赏的作者的适量作品，却能影响我们的写作风格。

3 Robert Boice的研究强而有力地证明写作会帮

助思考。Boice（1993）的结论是，比起自发的（spontaneous）写作（当自己觉得想写时才动笔），有规律地设定好写作时间可以激发更多的写作并产生更多有创意的想法。Boice要求大学生以几种不同方式写作：数周内完全不写任何东西（控制组）、只有在想写时才写、每天在固定的时间规律地写。研究者要求受试者记录写下的页数以及提出的有创意的想法。每天规律写作的那组所写的页数约为自发写作组的两倍，提出的新点子也大约是两倍。控制组记录的新点子最少。Boice在他的数本著作中，都建议每天进行有规律的、适当量的写作（特别参考Boice, 1994）。我完全不怀疑它的效果——若不是遵照Boice的建议，我是不可能完成这本书的。

4 有一些证据支持这个假说：孩子看电视的内容与他们的阅读量有关。Zuckerman、Singer与Singer（1980）的研究结果与其他研究吻合，他们发现花在看电视上的时间与花在阅读上的时间，两者整体上并不相关。但是，他们也发现，看较多"幻想暴力"类电视节目的孩子看书的时间较少。Schramm、Lyle与Parker（1961）的研究报告也说，看电视与看书之间没有关系，但是电视看得多的孩子较少看漫画（类似研究结果请参见Murray & Kippax, 1978；不过Williams & Boyes, 1986发现，看电视与看漫画之间有轻度的正相关）。

5 这点与显示孩子看较多"暴力幻想"类电视节目则

较少阅读的研究一致，如注4所述。Cleary（1939）发现20世纪30年代收音机的影响与如今电视的影响非常相似，于是作出以下结论："整体而言，听收音机并不会严重地影响阅读的质与量。"（p. 126）虽然每天花长时间（超过3小时）听收音机的人看的书较少（但是看较多报纸与杂志），但是极少听收音机的人对阅读更没有兴趣。Cleary也指出，每星期看3部以上电影的极爱看电影的人（占她样本人数的5%）读的书比较多，读高水平的书也比较多。

6　与一般人的认知不同，使用计算机与阅读之间为轻度正相关的关系。Robinson与Godbey（1997）的研究指出，成人使用计算机的时间长短与阅读时间的长短，两者间有小幅正相关。即使研究人员控制住社会阶级的变量，这种关系依然存在。控制社会阶级变量很重要，因为社会阶层高的人较可能拥有计算机，也较可能读较多书。更让人感兴趣的发现是，即使使用计算机从事不同的工作，这个关系仍存在。用计算机的时间不论是花在使用文字处理器、财务软件或是计算机游戏上，都与花在阅读上的时间成正比。花在用计算机上的时间与花在看电视上的时间略成反比，不过关系也是很小。盖洛普（Gallup，2002）最近所作的一项调查也证实，使用计算机并不会缩短阅读时间——经常使用计算机的人花在阅读上的时间，与不用计算机的人一样多。

7　Pucci与Ulanoff（1996）访问32位学校图书管理员：

54%的受访者说很难取得以西班牙文写的书，而70%的受访者说它们定价过高。一份被批准的学校图书馆采购书单中，5 000本书中只有300本是西班牙文书籍。Pucci与Ulanoff指出："即使这些书籍针对的阅读年龄都恰当，一个孩子若是每周读两本书，那么在升入四年级以前就可以把这些西班牙文书都读完了。"（p. 114）

8 如同第二章中注6曾提过的，各种图书类型间显然有极大差异，不过也有重合之处：阅读任何一种类型的作品，都会帮助理解另一种类型书籍的写作手法。一个即将要学九年级世界历史的学生，若是读过100本《甜蜜谷高中》系列的小说，一定比完全没有休闲阅读习惯的学生更容易读懂历史课本里的文章。而一位读完所有《哈利·波特》小说（本书在撰写时已经出版了五本）的学生，应该几乎不会有困难。

154

参考文献

Alexander, F. 1986. California assessment program: Annual report. Sacramento: California State Department of Education.

Alien, L., J. Cipielewski, and K. Stanovich. 1992. Multiple indicators of children's reading habits and attitudes: Construct validity and cognitive correlates. Journal of Educational Psychology 84: 489-503.

Allington, R. 1980. Poor readers don't get to read much in reading groups. Language Arts 57:872-876.

Allington, R., S. Guice, K. Baker, N. Michaelson, and S. Li. 1995. Access to books: Variations in schools and classrooms. The Language and Literacy Spectrum 5:23-25.

Anderson, R., P. Wilson, and L. Fielding. 1988. Growth in reading and how children spend their time outside of school. Reading Research Quarterly 23:285-303.

Applebee, A. 1978. Teaching high-achievement students: A survey of the winners of the 1977 NCTE Achievement Awards in writing. Research in the Teaching of English 1:41-53.

———.1984. Writing and reasoning. Review of Educational Research 54: 577-596.

Applebee, A., J. Langer, and I. Mullis. 1986. The writing report card. Princeton, N.J.: Educational Testing Service.

Applebee, A., J. Langer, I. Mullis, L. Jenkins, and M. Foertsch. 1990. Learning to write in our nation's schools: Instruction and achievement in 1988 at grades 4, 8, and 12. Princeton, N.J.: Educational Testing Service.

Appleby, B., and J. Conner. 1965. Well, what did you think of it? English Journal 54:606-612.

Aranha, M. 1985. Sustained silent reading goes east. Reading Teacher 39: 214-217.

Aranow, M. 1961. A study of the effect of individualized reading on children's reading test scores. Reading Teacher 15: 86-91.

Arlin, M., and G. Roth. 1978. Pupil's use of time while reading comics and books. American Educational Research Journal 5: 201-216.

Arnold, L. 1964. Writer's cramp and eyestrain—are they paying off ? English Journal 53:10-15.

Asimov, I. 2002. It's been a good life. New York: Prometheus Books.

Bader, L., J. Veatch, and J. Eldridge. 1987. Trade books or basal readers ? Reading Improvement 24:62-67.

Bailey, A. 1969. How parents feel about individualized reading. In Individualized reading: Readings, ed. S. Duker. Metuchen, N.J.: Scarecrow, pp. 325-330.

Bailyn, L. 1959. Mass media and children: A study of exposure habits and cognitive effects. Psychological Monographs 73: 201-216.

Baughman, J. 2000. School libraries and MCAS scores. Available: http://artemis. simmons.edu/~baughman/mcas-school-libraries.

Beck, I., M. McKeown, and E. McCaslin. 1983. Vocabulary development: Not all contexts are created equal. Elementary School Journal 83: 177-181.

Beentjes, J., and T. Van der Voort. 1988. Television's impact on children's reading skills: A review of the research. Psychological Monographs 73: 201-216.

Biber, D. 1986. Spoken and written textual dimensions in English. Language 62:384-414.

Bintz, W. 1993. Resistant readers in secondary education: Some insights and implications, Journal of Reading 36(8): 604-615.

Blakely, W. 1958. A study of seventh grade children's reading of comic books as related to certain other variables. Journal of Genetic Psychology 93: 291-301.

Blok, H. 1999. Reading to young children in educational settings: A meta-analysis of recent research. Language Learning 49 (2): 343-371.

Blosser, B. 1988. Television, reading and oral language development: The case of the Hispanic child. NABE Journal 13: 21-2.

Bohnhorst, B., and S. Sellars. 1959. Individual reading instruction vs. basal textbook instruction: Some tentative explorations. Elementary English 36: 185-202.

Boice, R. 1983. Contingency management in writing and the appearance of creative ideas: Implications for the treatment of writing blocks. Behavioral Research Therapy 21 (5): 537-43.

———. 1994. How writers journey to comfort and fluency. Westport, Conn.: Praeger.

Brandenburg, G. 1919. Some possibly secondary factors in spelling ability. School and Society 9: 632-636.

Brassell, D. 2003. Sixteen books went home tonight: Fifteen were introduced by the teacher. The California Reader 36 (3): 33-39.

Brazerman, C. 1985. Physicists reading physics: Schema-laden purposes and purpose-laden schema. Written Communication 2: 3-43.

Brocka, B. 1979. Comic books: In case you haven't noticed, they've changed. Media and Methods 15: 30-32.

Brown, J., J. Cramond, and R. Wilde. 1974. Displacement effects of television and the child's functional orientation to media. In Children's understanding of television, ed. J. Bryant and D. Anderson. New York: Academic Press, pp. 1-33.

Burger, S. 1989. Content-based ESL in a sheltered psychology course: Input, output, and outcomes. TESL Canada 6: 45-59.

Burley, J. 1980. Short-term, high intensity reading practice methods for upward bound students: An appraisal. Negro Educational Review 31(3-4): 156-161.

Burton, S., J. Calonico, and D. McSeveney. 1979. Effects of preschool television watching on first-grade children. Journal of Communication 29(3): 164-170.

Bus, A., M. Van ljzendoorn, and A. Pellegrini. 1995. Joint book reading makes for success in learning to read: A meta-analysis on intergenerational transmission of literacy. Review of Educational Research 65: 1-21.

Busch, J. 1978. Television's effects on reading: A case study. Pin Beta Kappan 59:668-671.

Business Week Online. 2002. Comics clamber back from the brink. Available: http://busmessweek.com/bwdaily/dnflash/aug2002/nf20020829_2344.htm.

Bustead, A. 1943. Finding the best method for memorizing. The Journal of Educational Psychology 34: 110-114.

Camiciottoli, B. C. 2001. Extensive reading in English: Habits and attitudes of a group of Italian university students. Journal of Research in Reading 24(2): 135-153.

Campbell, C., D. Griswald, and F. H. Smith. 1988. Effects of tradebook covers (hardback or paperback) on individualized reading choices by elementary-age children. Reading Improvement 25: 166-178.

Campbell, D., and J. Stanley. 1966. Experimental and quasi-experimental designs for research. Chicago: Rand McNally.

Carlsen, G.R., and A. Sherrill. 1988. Voices of readers: How we come to love books. Urbana, Ill.: NCTE.

Carson, B. 1990. Gifted hands. Grand Rapids, Mich.: Zondervan Books.

Carter, C. 1988. Does your child love to read? Parade Magazine, April 3.

Cho, G., and S. Krashen. 2000. The role of voluntary factors in heritage language development: How speakers can develop the heritage language on their own. ITL: Review of Applied Linguistics 127-128: 127-140.

Cho, K. S., and S. Krashen. 1994. Acquisition of vocabulary from the Sweet Valley High Kids series: Adult ESL acquisition. Journal of Reading 37: 662-667.

——. 1995a. From Sweet Valley Kids to Harlequins in one year. California English 1(1): 18-19.

——. 1995b. Becoming a dragon: Progress in English as a second language through narrow free voluntary reading. California Reader 29: 9-10.

——. 2002. Sustained silent reading experiences among Korean teachers of English as a foreign language: The effect of a single exposure to interesting, comprehensible reading. Reading Improvement 38(4): 170-174.

Chomsky, N. 1965. Aspects of the theory of syntax. Cambridge, Mass.: MIT Press.

Cipielewski, J., and K. Stanovich. 1990. Assessing print exposure and orthographic processing skill in children: a quick measure of reading experience. Journal of Educational Psychology 82: 733-740.

Cleary, F. 1939. Why children read. Wilson Library Bulletin 14: 119-126.

Cline, R., and G. Kretke. 1980. An evaluation of long-term SSR in the junior high school, Journal of Reading (March): 503-506.

Cline, Z., and J. Necochea. 2003. My mother never read to me. Journal of Adolescent and Adult Literacy 47 (2): 122-126.

Cocks, J. 1988. The passing of Pow! and Blam! Comics grow up, get ambitious, and turn into graphic novels. Time Magazine, January 25.

Coffin, T. 1948. Television's effect on leisure-time activities. Journal of Applied Psychology 32:550-558.

Cohen, K. 1999. Reluctant eighth grade readers enjoy sustained silent reading. California Reader 33(1): 22-25.

Cohen, Y. 1997. How reading got me into trouble. Class paper, Trenton State University, Summer.

Coles, G. 2003. Reading the naked truth: Literacy, legislation, and lies. Portsmouth, N.H.: Heinemann.

Collins, C. 1980. Sustained silent reading periods: Effects of teachers' behaviors and students' achievements. Elementary School Journal 81: 109-114.

Comstock, G., and H. Paik. 1991. Television and the American child. New York: Academic Press.

Constantino, R. 1994. Immigrant ESL high school students' understanding and use of the school and public library. SCOPE Journal 93: 6-18.

——. Minority use of the library. California Reader 28: 10-12.

Constantino, R., S. Y. Lee, K. S. Cho, and S. Krashen. 1997. Free voluntary reading as a predictor of TOEFL scores. Applied Language Learning 8: 111-118.

Cook, W. 1912. Shall we teach spelling by rule? Journal of Educational Psychology 3:316-325.

Cornman, O. 1902. Spelling in the elementary school. Boston: Ginn.

Corteen, R., and T. Williams. 1986. Television and reading skills. In The impact of television, ed. T. M. Williams. New York: Academic Press, pp. 39-86.

Csikszentmihalyi , M. 1991. Flow: The psychology of optimal experience. New York: HarperPerennial.

Cummins, J. 1981. The role of primary language development in promoting educational success for language minority students. In Schooling and language minority students. Sacramento: California Department of Education, pp. 3-49.

——. 1996. Negotiating identities: Education for empowerment in a diverse society. Los Angeles: California Association for Bilingual Education.

Cunningham, A., and K. Stanovich. 1990. Assessing print exposure and orthographic processing skill in children: A quick measure of reading experience. Journal of Educational Psychology 82: 733-740.

Curtiss, H., and E. Dolch. 1939. Do spelling books teach spelling? Elementary School Journal 39:584-592.

Cyrog, F. 1962. Self-selection in reading: Report of a longitudinal study. In Claremont reading conference: 26th yearbook, ed. M. Douglas. Claremont, Calif.: Claremont Graduate School, pp. 106-113.

Daly,J., and D. Wilson. 1983. Writing apprehension, self-esteem, and personality. Research in the Teaching of English 17: 327-341.

Davis, F., and J. Lucas. 1971. An experiment in individualized reading. Reading Teacher 24:737-743,747.

Davis, Z. 1998. A comparison of the effectiveness of sustained silent reading and directed reading activity on students' reading achievement. The High School Journal 72(1): 46-48.

Day, R., C. Omura, and M. Hiramatsu. 1991. Incidental EFL vocabulary learning and reading. Reading in a Foreign Language 7(2): 541-551.

Degrotsky, D. 1981. Television viewing and reading achievement of seventh and eighth graders. ERIC Document No. ED 215 291.

Denton, K., and J. West. 2002. Children's reading and mathematics achievement in kindergarten and first grade. Washington, D.C.: National Center for Educational Statistics.

Di Lorcto, C., and L. Tse. 1999. Seeing is believing: Disparity in books in two Los Angeles area public libraries. School Library Quarterly 17(3): 31-36.

Dirda, M. 2003. An open book. New York: Norton.

Doig, D., and A. Blackmore. 1995. Leisure reading: Attitudes and practices of Australian year 6 children. Australian Journal of Language and Literacy 18(3): 204-217.

Dorrell,L.,and E.Carroll. 1981. Spider-Man at the library. School Library Journal 27:17-19.

Dressell, P., J. Schmid, and G. Kincaid. 1952. The effects of writing frequency upon essay-type writing proficiency at the college level, Journal of Educational Research 46:285-293.

Duggins, J. 1976. The elementary self-contained classroom. In The new hooked on books, ed. D. Fader. New York: Berkeley Books, pp. 181-190.

Duin, J. 2002. Comics still flying high. The Washington Times, February 6.

Duke, N. 2000. For the rich it's richer: Print experiences and environments offered to children in very low- and very high-socioeconomic status first-grade classrooms. American Educational Research Journal 37(2): 441-178.

Dulay, H., and M. Burt. 1977. Remarks on creativity in second language acquisition. In Viewpoints on English as a second language, ed. M. Burt, H. Dulay, and M. Finnocchiaro. New York: Regents, pp. 95-126.

Dulay, H., M. Burt, and S. Krashen. 1982. Language two. New York: Oxford University Press.

Dupuy, B. 1997. Voices from the classroom: Students favor extensive reading over grammar instruction and practice, and give their reasons. Applied Language Learning 8(2): 253-261.

——. 1998. Cercles de lecture: Une autre approche de la lecture dans la classe intermediaire de francais langue etrangree. The Canadian Modern Language Review 54 (4): 579-585.

Dupuy, B., and S. Krashen. 1993. Incidental vocabulary acquisition in French as a foreign language. Applied Language Learning 4(1,2): 55-63.

Elbow, P. 1973. Writing without teachers. New York: Oxford University Press.

Eller, R., C. Pappas, and E. Brown. 1988. The lexical development of kindergartners: Learning from written context. Journal of Reading Behavior 20: 5-24.

Elley, W. 1984. Exploring the reading difficulties of second language learners in Fiji. In Reading in a second language, ed. J. C. Alderson and A. Urquart. New York: Longman, pp. 281-301.

——. 1989. Vocabulary acquisition from listening to stories. Reacling Research Quarterly 24:174-187.

——. 1991. Acquiring literacy in a second language: The effect of book-based programs. Language Learning 41: 375-411.

——. 1992. How in the world do students read? Hamburg: The International

Association for the Evaluation of Educational Achievement.

——. 1994. IEA study of reading literacy. Amsterdam: Elsevier Science.

——. 1998. Raising literacy levels in third world countries: A method that works. Culver City, Calif.: Language Education Associates.

Elley, W., I. Barham, H. Lamb, and M. Wyllie. 1976. The role of grammar in a secondary school curriculum. Research in the Teaching of English 10: 5-21.

Elley, W., and F. Mangubhai. 1983. The impact of reading on second language learning. Reading Research Quarterly 19: 53-67.

El-Shabbaz, E. 1964. The autobiography of Malcolm X. New York: Ballantine.

Emery, C., and M. Csikszentmihalyi. 1982. The socialization effects of cultural role models in ontogenetic development and upward mobility. Child Psychiatry and Human Development 12: 3-19.

Evans, H., and J. Towner. 1975. Sustained silent reading: Does it increase skills? Reading Teacher 29: 155-156.

Evans, P., and N. Gleadow. 1983. Literacy: A study of literacy performance and leisure activities in Victoria, BC. Reading Canada Lecture 2: 3-16.

Facemire, N. 2000. The effect of the accelerated reader on the reading comprehension of third graders. ERIC Document No. ED 442 097

Fader, D. 1976. The new hooked on books. New York: Berkeley Books.

Fadiman, C. 1947. Party of one: The selected writings of Clifton Fadiman. Cleveland: World Publishing.

Fairbank, Maslin, Maullin and Associates. 1999. California Statewide Poll, Job # 620-157. Santa Monica, Calif.: California Opinion Research.

Farrell, E. 1982. SSR as the core of junior high school reading program. The Reading Teacher 36:48-51.

Fasick, A. 1973. Television language and book language. Elementary English 50:125-131.

Feitelson, D., B. Kita, and A. Goldstein, 1986. Effects of listening to series stories on first graders' comprehension and use of language. Research in the Teaching of English 20: 339-355.

Filback, R., and S. Krashen. 2002. The impact of reading the bible and studying the bible on biblical knowledge. Knowledge Quest 31(2): 50-51.

Finegan, E. 1999. Language: Its structure and use. 3d ed. New York: Harcourt Brace.

Flurkey, A., and J. Xu, eds. 2003. On the revolution in reading: The selected writings of Kenneth S. Goodman. Portsmouth, N.H.: Heinemann.

Foertsch, M. 1992. Reading in and out of school. Washington, D.C.: U.S. Department of Education.

Frebody, P., and R. Anderson. 1983. Effects of text comprehension of differing proportions and locations of difficult vocabulary, Journal of Reading Behavior 15:19-39.

Gadberry, S. 1980. Effects of restricting first graders' TV-viewing on leisure time use, IQ change, and cognitive style, Journal of Applied Developmental Psychology 1:45-57.

Gallup. 2002. Does reading still stack up? Gallup Poll News Service, September 3. Available: 2002. http://www.gallup.com.

Ganguli, A. 1989. Integrating writing in developmental mathematics. College Teaching 37:140-142.

Garan, E. 2002. Resisting reading mandates. Portsmouth, N.H.: Heinemann.

Gaver, M. 1963. Effectiveness of centralized library service in elementary schools. New Brunswick, N.J.: Rutgers University Press.

Gilbert, L. 1934a. Effect of spelling an reading in the ninth grade. School Review 42:197-204.

——. 1934b. Effect of reading on spelling in the secondary schools. California Quarterly of Secondary Education 9: 269-275.

——. 1935. Study of the effect of reading on spelling, Journal of Educational Research 28:570-586.

Coertzel, M., V. Goertzel, and T. Goertzel. 1978. Three hundred eminent personalities. San Francisco: Jossey-Bass.

Goodman, G. 1999. The Reading Renaissance/Accelerated Header program. Pinal County school-to-work evaluation report. ERIC Document No. ED 427 299

Goodman, K. 1982. Language, literacy, and learning. London: Routledge Kagan Paul.

Goodman, K., and Y. Goodman. 1982. Spelling ability of a self-taught reader. In Language and literacy: The selected writings of Kenneth S. Goodman, vol. 2, ed. F. Gollasch. London: Routledge, pp. 135-142.

Gordon, I., and C. Clark. 1961. An experiment in individualized reading. Childhood Education 38:112-113.

Gorman, M. 2002. Thirty graphic novels you can't live without. School Library Journal 48(8): 42-44,47.

Gradman, H., and E. Hanania. 1991. Language learning background factors and ESL proficiency. Modern Language Journal 75: 39-51.

Graves, M., G. Brunett, and W. Slater. 1982. The reading vocabularies of primary grade children from varying geographic and social backgrounds. In New Inquiries in Reading Research and Instruction, ed. J. Niles and C. Harris. Rochester, NY: National Reading Conference, pp. 99-104.

Gray, G. 1969. A survey of children's attitudes toward individualized reading. In Individualized reading: Readings, ed. S. Duker. Metuchen, N.J.: Scarecrow, pp. 330-332.

Greaney, V. 1970. A comparison of individualized and basal reader approaches to reading instruction. Irish Journal of Education 1: 19-29.

——. 1980. Factors related to the amount and type of leisure time reading. Reading Research Quarterly 15: 337-357.

Greaney, V., and M. Clarke. 1973. A longitudinal study of the effects of two reading methods on leisure-time reading habits. In Reading: What of the future? ed. D. Moyle. London: United Kingdom Reading Association, pp. 107-114.

Greaney, V., and M. Hegarty. 1987. Correlations of leisure time reading, Journal of Research in Reading 10:3-20.

Greene, J. 1997. A meta-analysis of the Rossell and Baker review of bilingual education research. Bilingual Research Journal 21 (2, 3): 103-122.

Gupta, A., and S. P. Yeok. 1995. Language shift in a Singapore family, Journal of Multilingual and Multicultural Development 16(4): 301-314.

Hafiz, F., and I. Tudor. 1990. Graded readers as an input medium in L2 learning. System 18(1): 31-42.

Hafner, L., B. Palmer, and S. Tullos. 1986. The differential reading interests of good and poor readers in the ninth grade. Reading improvement 23:39-42.

Haggan, M. 1991. Spelling errors in native Arabic-speaking English majors: A comparison between remedial students and fourth year students. System 19:45-61.

Hammill, D., S. Larsen, and C. McNutt. 1977. The effect of spelling instruction: A preliminary study. Elementary School Journal 78: 67-72.

Hartl, B. 2003. Comic relief: Heroic efforts keep Parts Unknown afloat. The Business Journal of the Greater Triad Area, March 31.

Haugaard, K. 1973. Comic books: A conduit to culture? Reading Teacher 27: 54-55.

Hayes, D., and M. Ahrens. 1988. Vocabulary simplification for children: A special case of "motherese"? Journal of Child Language 15: 395-410.

Healy, A. 1963. Changing children's attitudes toward reading. Elementary English 40:255-257,279.

Heisler, F. 1947. A comparison of comic book and non-comic book readers of the elementary school. Journal of Educational Research 40: 458-464.

Herbert, S. 1987. SSR--What do students think? Journal of Reading 30(7): 651.

Herda, R., and F. Ramos. 2001. How consistently do students read during sustained silent reading? California School Library Journal 24(2): 29-31.

Herman, P., R. Anderson, P. D. Pearson, and W. Nagy. 1987. Incidental acquisition of word meanings from expositions with varied text features. Reading Research Quarterly 22:263-284.

Hermann, F. 2003. Differential effects of reading and memorization of paired associates on vocabulary acquisition in adult learners of English as a second language. TESL-EJ 7(1): A-l. Available: http://www-writing. berkeley.edu/TESOL-EJ.

Heyns, B. 1978. Summer learning and the effects of schooling. New York: Academic Press.

Hillocks, G., Jr. 1986. Research on written composition: New directions for teaching.ED 265552. Urbana, Ill.: ERIC.

Himmelweit, H., A. Oppenheim, and P. Vince. 1958. Television and the child. New York: Oxford University Press.

Holt, S., and F. O'Tuel. 1989. The effect of sustained silent reading and writing on achievement and attitudes of seventh and eighth grade students reading two years below grade level. Reading Improvement 26: 290-297.

Horst, M., T. Cobb, and P. Meara. 1998. Beyond Clockwork Orange: Acquiring second language vocabulary through reading. Reading in a Foreign Language 11(2): 207-223.

Houle, R., and C. Montmarquette. 1984. An empirical analysis of loans by school libraries. Alberta Journal of Educational Research 30: 104-114.

Hoult, T. 1949. Comic books and juvenile delinquency. Sociology and Social Research 33:279-284.

Hughes, J. 1966. The myth of the spelling list. National Elementary Principal 46: 53-54.

Hunting, R. 1967. Recent studies of writing frequency. Research in the Teaching of English 1:29-40.

Huser, M. 1967. Reading and more reading. Elementary English 44: 378-382, 385.

Inge, M. T. 1985. The American comic book. Columbus: Ohio State University.

Ingham, J. 1981. Books and reading development: The Bradford book flood experiment. London: Heinemann Educational Books.

Ivey, G., and K. Broaddus. 2001. "Just plain reading": A survey of what makes students want to read in middle school classroms. Reading Research Quarterly 36(4): 350-377.

Jacoby, L., and A. Hollingshead. 1990. Reading student essays may be hazardous to your spelling: Effects of reading incorrectly and correctly spelled words. Canadian Journal of Psychology 44: 345-358.

Janopoulos, M. 1986. The relationship of pleasure reading and second language writing proficiency. TESOL Quarterly 20: 763-768.

Jenkins, M. 1957. Self-selection in reading. Reading Teacher 11: 84-90.

Johnson, R. 1965. Individualized and basal primary reading programs. Elementary English 42:902-904,915.

Jonsson, A. 1986. TV: A threat or a complement to school? Journal of Educational Television 12(1): 29-38.

Kaplan, J., and E. Palhinda. 1981. Non-native speakers of English and their composition abilities: A review and analysis. In Linguistics and literacy, ed. W. Frawley. New York: Plenum Press, pp. 425-457.

Kim, H., and S. Krashen. 1998a. The author and magazine recognition tests as predictors of literacy development in Korean. Perceptual and Motor Skills 87:1376-1378.

———. 1998b. The author recognition and magazine recognition tests, and free voluntary reading as predictors of vocabulary development in English as a foreign language for Korean high school students. System 26: 515-523.

Kim, J. 2003. Summer reading and the ethnic achievement gap. Paper presented at the American Educational Research Association, Chicago, April 21.

Kim, J., and S. Krashen, S. 2000. Another home run. California English 6(2): 25

Kitao, K., M. Yamamoto, S. K. Kitao, and H. Shimatani. 1990. Independent reading in English—use of graded readers in the library English as a second language corner. Reading in a Foreign Language 6(2): 383-395.

Konopak. B. 1988. Effects of inconsiderate vs. considerate text on secondary students' vocabulary learning, Journal of Reading Behavior 20: 25-41.

Krashen, S. 1982. Principles and practice m second language acquisition. New York: Prentice Hall.

———. 1984. Writing: Research, theory and applications. Beverly Hills: Laredo Publishing.

———. 1985a. The. input hypothesis: Issues and implications. Beverly Hills: Laredo.

———. 1985b. Inquiries and insights. Menlo Park: Calif.: Alemany Press.

———. 1988. Do we learn to reading by reading? The relationship between free reading and reading ability. In Linguistics in context: Connecting observation and understanding, ed. D. Tannen. Norwood, N.J.: Ablex, pp. 269-298.

———. 1989. We acquire vocabulary and spelling by reading: Additional evidence for the Input Hypothesis. Modern Language Journal 73: 440-464.

———. 1994. The pleasure hypothesis. In Georgetown University Round Table on Languages and Linguistics, ed. J. Alatis. Washington, D.C.: Georgetown University Press, pp. 299-302.

———. 1995. School libraries, public libraries, and the NAEP reading scores. School Library Media Quarterly 23: 235-238.

———. 1996. Under attack: The case against bilingual education. San Francisco: Alta Publishing.

———. 1998a. Why consider the library and books? In Literacy, access, and libraries among the language minority population, ed. R. Constantino. Lanham, Md.: Scarecrow, pp. 1-16.

———. 1998b. Language shyness and heritage language development. In Heritage language development, ed. S. Krashen, L. Tse, and J. McQuillan. Culver City, Calif.: Language Education Associates.

———. 1999. Three arguments against whole language and why they are wrong. Portsmouth, N.H.: Heinemann.

———. 2001. More smoke and mirrors: A critique of the National Reading Panel report on fluency. Phi Delta Kappan 83: 119-123.

———. 2002. The NRP comparison of whole language and phonics: Ignoring the crucial variable in reading. Talking Points 13(3): 22-28.

———. 2003a. Explorations in language acquisition and use: The Taipei lectures. Portsmouth, N.H.: Heinemann.

———. 2003b. The unbearable coolness of phonemic awareness. Language Magazine 2(8): 13-18.

———. 2003c. Three roles for reading. In English learners: Reaching the highest level of English literacy, ed. G. Garcia..International Reading Association.

———. 2003d. The (lack of) experimental evidence supporting the use of Accelerated Reader, Journal of Children's Literature 29 (2): 9, 16-30.

Krashen, S., and H. White. 1991. Is spelling acquired or learned? A re-analysis of Rice (1897) and Cornman (1902). ITL: Review of Applied Linguistics 91-92:1-48.

Kyte, G. 1948. When spelling has been mastered in the elementary school. Journal of Educational Research 42: 47-53.

LaBrant, L. 1958. An evaluation of free reading. In Research in the three R's, ed. C. Hunnicutt and W. Iverson. New York: Harper, pp. 154-161.

Lai, F. K. 1993. The effect of a summer reading course on reading and writing skills. System 21(1): 87-100.

Lamme, L. 1976. Are reading habits and abilities related? Reading Teacher 30: 21-27.

Lancaster, T. 1928. A study of the voluntary reading of pupils in grades IV-VIII. Elementary School Journal 28: 525-537.

Lance, K., C. Hamilton-Pennell, M. Rodney, L. Petersen, and C. Sitter, C. 1999. Information empowered: The school librarian as an academic achievement in Alaska schools. Juno: Alaska State Library.

Lance, K., M. Rodney, and C. Hamilton-Pennell. 2000a. How school librarians help kids achieve standards: The second Colorado study. San Jose: Hi Willow Research and Publishing.

———. 2000b. Measuring to standards: The impact of school library programs and information literacy in Pennsylvania schools. Greensburg, Pa.: Pennsylvania Citizens for Better Libraries (604 Hunt Club Drive, Greensburg PA, 15601).

———. 2001. Good schools have school librarians: Oregon school librarians collaborate to improve academic achievement. Salem: Oregon Educational Media Association.

Lance, K., L. Welborn, and C. Hamilton-Pennell. 1993. The Impact of school library media centers on academic achievement. Castle Rock, Colo.: Hi Willow Research and Publishing.

Langer, J., and A. Applebee. 1987. How writing shapes thinking. Urbana, Ill.: National Council of Teachers of English.

Langford, J., and Allen, E. 1983. The effects of U.S.S.R. on students' attitudes and achievements. Reading Horizons 23: 194-200.

Lao, C. Y. 2003. Prospective teachers' journey to becoming readers. New Mexico Journal of Reading 32(2): 14-20.

Lao, C. Y., and S. Krashen. 2000. The impact of popular literature study on literacy development in EFL: More evidence for the power of reading. System 28:261-270.

Laufer, B. 2003. Vocabulary acquisition in a second language: Do learners really acquire most vocabulary by reading? Some empirical evidence. The Canadian Modern Language Review 59(4): 567-587.

Lawson, H. 1968. Effects of free reading on the reading achievement of sixth grade pupils. In Forging ahead in reading, ed. J. A. Figurel. Newark, Del: International Reading Association, pp. 501-504.

Lee, S. Y. 1998. Effects of introducing free reading and language acquisition theory on students' attitudes toward the English class. Studies in English Language and Literature 4: 21-28.

———. 2001. What makes it difficult to write. Taipei: Crane Publishing Company.

Lee, S. Y., and S. Krashen. 1996. Free voluntary reading and writing competence in Taiwanese high school students. Perceptual and Motor Skills 83: 687-690.

———. 1997. Writing apprehension in Chinese as a first language. ITL: Review of Applied Linguistics 115-116: 27-37.

Lee, S. Y., S. Krashen, and L. Tse. 1997. The author recognition test and vocabulary knowledge: A replication. Perceptual and Motor Skills 83: 648-650.

Lee, Y. O., S. Krashen, and B. Gribbons. 1996 The effect of reading on the acquisition of English relative clauses. ITL: Review of Applied Linguistics 113-114:263-273.

LeMoine, N., B. Brandlin, B. O'Brian, and J. McQuillan. 1997. The (print)-rich get richer: Library access in low- and high-achieving elementary schools. The California Reader 30: 23-25.

Leonhardt, M. 1998. How to sweeten your school's climate for reading. School Library Journal 44(11): 28-31.

Leung, C., and J. Pikulski. 1990. Incidental learning of word meanings by kindergarten and first-grade children through repeated read aloud events.

In Literacy theory and research: Analysis from multiple paradigms, ed. J. Zutell and S. McCormick. Chicago: National Reading Conference, pp. 281-301.

Liberman, M. 1979. The verbal language of television, Journal of Reading 26: 602-609.

Lituanas, P., G. Jacobs, and W. Renandya. 1999. A study of extensive reading with remedial reading students. In Language instructional issues in Asian classrooms, ed. Y. M. Cheah and S. M. Ng. Newark, N.J.: International Reading Association, pp. 89-104.

Lokke, V., and G. Wykoff. 1948. "Double writing" in freshman composition —an experiment. School and Society 68: 437-439.

Lomax,C. 1976. Interest in books and stories at nursery school. Educational Research 19:110-112.

Lorge, I., and J. Chall. 1963. Estimating the size of vocabularies of children and adults: An analysis of methodological issues, Journal of Experimental Education 32:147-157.

Lowrey, L., and W. Grafft. 1965. Paperback books and reading attitudes. Reading Teacher 21:618-623.

Lyness, P. 1952. The place of the mass media in the lives of boys and girls. Journalism Quarterly 29:43-54.

Maccoby, E. 1951. Television: Its impact on school children. Public Opinion Quarterly 15:421-444.

MacDonald, H. 2003. Manga sales just keep rising. Publishers Weekly, March 17.

Manning, G., and M. Manning. 1984. What models of recreational reading make a difference? Reading World 23: 375-380.

Marshall, J. 1987. The effects of writing on students' understanding of literary texts. Research in the Teaching of English 21: 30-63.

Martinez, M., N. Roser, J. Worthy, S. Strecker, and P. Gough. 1997. Classroom libraries and children's book selections: Redefining "access" in self-selected reading. In Inquires in literacy: Theory and practice. Forty-sixth yearbook of The National Reading Conference, ed. C. Kinzer, K. Hinchman, and D. Leu. Chicago: National Reading Conference, pp. 265-272.

Mason, B. 2003. Evidence for the sufficiency of extensive reading on the development of grammatical accuracy. Doctoral dissertation. Temple University, Osaka, Japan.

Mason, B., and S. Krashen. 1997. Extensive reading in English as a foreign language. System 25:91-102.

Mason, G., and W. Blanton. 1971. Story content for beginning reading instruction. Elementary English 48:793-796.

Massimini, F., M. Csikszentmihalyi, and A. Delia Fave. 1992. Flow and biocultural evolution. In Optimal experience: Psychological studies of flow in consciousness, ed. M. Csikszentmihalyi and I. Csikszentmihalyi. Cambridge: Cambridge University Press, pp. 60-81.

Mathabane, M. 1986. Kaffir boy. New York: Plume.

Mathis, D. 1996. The effect of the Accelerated Reader program on reading comprehension. ERIC Document No. ED 398 555.

Maynes, F. 1981. Uninterrupted sustained silent reading. Reading Research Quarterly 17:159-160.

McCracken, R., and M. McCracken. 1978. Modeling is the key to sustained silent reading. Reading Teacher 31: 406-408.

McDonald, M., J. Harris, and J. Mann. 1966. Individual versus group instruction in first grade reading. Reading Teacher 19: 643-646, 652.

McEvoy, G., and C. Vincent. 1980. Who reads and why? Journal of Communication 30:134-140.

McKenna, M., D. Kear, and R. Ellsworth. 1991. Developmental trends in children's use of print media: A national study. In Learner factors/teacher factors: Issues in literacy research and instruction, ed. J. Zutell and S. McCormick. Chicago: National Reading Conference, pp. 319-324.

McLoyd, V. 1979. The effects of extrinsic rewards of differential value on high and low intrinsic interest. Child Development 10: 1010-1019.

McQuillan, J. 1994. Reading versus grammar: What students think is pleasurable for language acquisition. Applied Language Learning 5: 95-100.

——. 1996. How should heritage languages be taught? The effects of a free voluntary reading program. Foreign Language Annals 29(1): 56-72.

——. 1997. The effects of incentives on reading. Reading Research and Instruction 36: 111-125.

——. 1998a. The literacy crisis: False claims and real solutions. Portsmouth, N.H.: Heinemann.

——. 1998b. The use of self-selected and free voluntary reading in heritage language programs: A review of research. In Heritage language development, ed. S. Krashen, L. Tse, and J. McQuillan. Culver City, Calif.: Language Education Associates, pp. 73-87.

McQuillan, J., and J. Au. 2001. The effect of print access on reading frequency. Reading Psychology 22:225-248.

McQuillan, J., and V. Rodrigo. 1998. Literature-based programs for first language development: Giving native bilinguals access to books. In Literacy, Access, and Libraries Among the Language Minority Population, ed. R. Constantino. Lanham, Md.: Scarecrow, pp. 209-224.

Medrich, E., A. Roizen, V. Rubin, and S. Buckley. 1982. The serious business of growing up: A study of children's lives outside school. Los Angeles: University of California Press.

Mellon, C. 1987. Teenagers do read: What rural youth say about leisure reading. School Library Journal 38(8): 27-30.

Miller, F. 1986. The Dark Knight returns. New York: DC Comics.

Miller, G. 1977. Spontaneous apprentices: Children and language. New York: Seabury.

Miller, M., and M. Shontz. 2001. New money, old books. School Library Journal 47(10): 5-60.

Minton, M. 1980. The effect of sustained silent reading upon comprehension and attitudes among ninth graders, Journal of Reading 23: 498-502.

Monteith, M. 1980. How well does the average American read? Some facts, figures and opinions, Journal of Reading 20: 460-464.

Moore, A. 1986. Watchmen. New York: DC Comics.

Morrow, L. 1982. Relationships between literature programs, library corner designs, and children's use of literature. Journal of Educational Research 75: 339-344.

——. 1983. Home and school correlates of early interest in literature. Journal of Educational Research 75: 339-344.

Morrow, L., and C. Weinstein. 1982. Increasing children's use of literature through program and physical changes. Elementary School Journal 83: 131-137.

Munoz, H. 2003. First Lady delivers $5,000 and a passion for reading. Education Week, May 21.

Murray, J., and S. Kippax. 1978. Children's social behavior in three towns with differing television experience. Reading Teacher 28: 19-29.

Nagy, W., R. Anderson, and P. Herman. 1987. Learning word meanings from context during normal reading. American Educational Research Journal 24: 237-270.

Nagy, W., and P. Herman. 1987. Breadth and depth of vocabulary knowledge: Implications for acquisition and instruction. In The nature of vocabulary acquisition, ed. M. McKeown and M. Curtiss. Hilisdale, N.J.: Erbaum, pp. 19-35.

Nagy, W., P. Herman, and R. Anderson. 1985. Learning words from context. Reading Research Quarterly 23: 6-50.

National Council on Writing. 2003. The neglected "R ": The need for a writing revolution. New York: College Entrance Examination Board.

National Institute of Child Health and Human Development (NICHD). 2000. Report of the National Reading Panel. Teaching children to read. [NIH Publication no. 00-4754]. Washington, DC: Government Printing Office.

NCES, 2000. A study of the differences between higher- and lower-performing Indiana schools in reading and mathematics. Oak Brook, Ill.: North Central Regional Educational Laboratory.

Nell, V. 1988. Lost in a book. New Haven, Conn.: Yale University Press.

Neuman, S. 1986. The home environment and fifth-grade students' leisure reading. Elementary School Journal 86: 335-343.

——. 1988. The displacement effect: Assessing the relation between television viewing and reading performance. Reading Research Quarterly 23: 414-440.

——. 1995. Literacy in the television age: The myth of the TV effect. 2d ed. Norwood, N.J.: Ablex.

Neuman, S., and D. Celano. 2001. Access to print in low-income and middle-income communities. Reading Research Quarterly 36(1): 8-26.

Newell, G. 1984. Learning while writing in two content areas: A case study/protocol analysis. Research in the Teaching of English 18: 265-287.

Newell, G., and P. Winograd. 1989. The effects of writing on learning from expository text. Written Communication 6: 196-217.

Nisbet, S. 1941. The scientific investigation of spelling instruction: Two preliminary investigations. British Journal of Educational Psychology 11: 150.

Norton, B. 2003. The motivating power of comic books: Insights from Archie comic book readers. The Reading Teacher 57(2): 140-147.

O'Brian, I. 1931. A comparison of the use of intensive training and wide reading in the improvement of reading. Educational Method 10: 346-349.

Oliver, M. 1973. The effect of high intensity practice on reading comprehension. Reading Improvement 10:16-18.

——. 1976. The effect of high intensity practice on reading achievement. Reading Improvement 13:226-228.

Oller, D. K, and R. Eilers. 2002. Language and literacy in bilingual children. Clevedon, England: Multilingual Matters.

Ormrod, J. 1986. Learning to spell while reading: A follow-up study. Perceptual and Motor Skills 63: 652-654.

Pack, S. 2000. Public library use, school performance, and the parental X-factor: A bio-documentary approach to children's snapshots. Reading Improvement 37: 161-172.

Parrish, B. 1983. Put a little romance into your reading program. Journal of Reading 26:610-615.

Parrish, B., and K. Atwood. 1985. Enticing readers: The teen romance craze. California Reader 18:22-27.

Pavonetti, L., K. Brimmer, and J. Cipielewski, J. 2003. Accelerated reader: What are the lasting effects on the reading habits of middle school students exposed to Accelerated Reader in elementary grades? Journal of Adolescent and Adult Literacy 46(4): 300-311.

Petre, B. 1971. Reading breaks make it in Maryland. The Reading Teacher 15: 191-194.

Pfau, D. 1967. Effects of planned recreational reading programs. Reading Teacher 21:34-39.

Pilgreen, J. 2000. The SSR handbook: How to organize and maintain a sustained silent reading program. Portsmouth, N.H.: Heinemann.

Pilgreen, J., and S. Krashen. 1993. Sustained silent reading with high school ESL students: Impact on reading comprehension, reading frequency, and reading enjoyment. School Library Media Quarterly 22: 21-23.

Pitts, M., H. White, and S. Krashen. 1989. Acquiring second language vocabulary through reading: A replication of the Clockwork Orange study using second language acquirers. Reading in a Foreign Language 5: 271-275.

Pitts, S. 1986. Read aloud to adult learners? Of course! Reading Psychology 7: 35-42.

Polak, J., and S. Krashen. 1988. Do we need to teach spelling? The relationship between spelling and voluntary reading among community college ESL students. TESOL Quarterly 22: 141-146.

Postman, N. 1983. The disappearing child. Educational Leadership 40: 10-17.

Postlethwaite, T., and K. N. Ross. 1992. Effective schools in reading: Implications for educational planners. An exploratory study. The Hague: The International Association for the Evaluation of Educational Achievement.

Potter, W. 1987. Does television viewing hinder academic achievement among adolescents? Human Communication Research 14: 27-46.

Pucci, S. 1994. Supporting Spanish language literacy: Latino children and free reading resources in the schools. Bilingual Research Journal 18: 67-82.

Pucci, S., and S. Ulanoff. 1996. Where are the books? The CATESOL Journal 9(2): 111-116.

Pulido, D. 2003. Modeling the role of second language proficiency and topic familiarity in second language incidental vocabulary acquisition through reading. Language Learning 53(2): 233-284.

Ramirez, D., S. Yuen, D. Ramey, and D. Pasta. 1991. Final report: Longitudinal study of structured English immersion strategy, early-exit and late-exit bilingual education programs for language minority students, Vol.I. San Mateo, Calif.: Aguirre International.

Ramos, F., and S. Krashen. 1998. The impact of one trip to the public library: Making books available may be the best incentive for reading. The Reading Teacher 51(7): 614-615.

Ravitch, D., and C. Finn. 1987. What do our 17-year-olds know? New York: Harper & Row.

Reed, C. 1985. Reading adolescents: The young adult book and the school. New York: Holt Rinehart Winston.

Rehder, L. 1980. Reading skills in a paperback classroom. Reading Horizons 21: 16-21.

Renaissance Reader, Report 36: Maine middle school achieves academic success with Renaissance comprehensive schoolwide program. Available: www. renlearn.com.

Renandya, W., B. R. S. Rajan, and G. Jacobs. 1999. ER with adult learns of English as a second language. RELC Journal 30(1): 39-61.

Reutzel, R., and P. Hollingsworth. 1991. Reading comprehension skills: Testing the distinctiveness hypothesis. Reading Research and Instruction 30: 32-16.

Rice, E. 1986. The everyday activities of adults: Implications for prose recall — Part I. Educational Gerontology 12: 173-186.

Rice, J. 1897. The futility of the spelling grind. Forum 23: 163-172, 409--419.

Rice, M., and P. Haight. 1986. "Motherese" of Mr. Rogers: A description of the dialogue of educational television programs. Journal of Speech and Hearing Disorders 51:282-287.

Richard, A. 2003. GAO says costs for state tests all in how questions asked. Education Week, May 21.

Richards, A. 1920. Spelling and the individual system. School and Society 10: 647-650.

Roberts, D., C. Bachen, M. Hornby, and P. Hernandez-Ramos. 1984. Reading and television: Predictors of reading achievement at different age levels. Communication Research 11(1): 9-49.

Robinson, J. 1972. Television's impact on everyday life: Some cross-national evidence. In Television and social behavior, vol 4, ed. R. Rubinstein, G. Comstock, and J. Murray. Rockwell, Md.: National Institute of Mental Health, pp. 410-431.

——. 1980. The changing reading habits of the American public. Journal of Communication 30:141-152.

Robinson, J., and G. Godbey. 1997. Time for life: The surprising way Americans use their time. University Park: University of Pennsylvania Press.

Rodney, M., K. Lance, and C. Hamilton-Pennell, 2002. Make the connection: Quality school library media programs impact academic achievement in Iowa. Bettendorf, Iowa: Mississippi Bend Area Educational Agency.

Rodrigo, V. 1997. Son concientes los estudiantes de Espagnol intermedio de los beneficios que les brinda la lectura? Hispania 80: 255-264.

Rodrigo, V., J. McQuillan, and S. Krashen. 1996. Free voluntary reading and vocabulary knowledge in native speakers of Spanish. Perceptual and Motor Skills 83:648-650.

Rosenthal, I. 1995. Speaking of reading. Portsmouth, N.H.: Heinemann.

Ross, P. 1978. Getting books into those empty hands. Reading Teacher 31: 397-399.

Rucker, B. 1982. Magazines and teenage reading skills: Two controlled field experiments, Journalism Quarterly 59: 28-33.

Sadowski, M. 1980. An attitude survey for sustained silent reading programs. Journal of Reading 23: 721-726.

Salyer, M. 1987. A comparison of the learning characteristics of good and poor ESL writers. Applied Linguistics Interest Section Newsletter, TESOL 8: 2-3.

San Diego County. 1965. A plan for research. In Individualized reading: Readings, ed. S. Duker. Metuchen, N.J.: Scarecrow, pp. 359-363.

Saragi, Y., P. Nation, and G. Meister. 1978. Vocabulary learning and reading. System 6:70-78.

Sartain, H. 1960. The Roseville experiment with individualized reading. Reading Teacher 12:277-281.

Sato, I. 1992. Bosozuku: Flow in Japanese motorcycle gangs. In Optimal experience: Psychological studies of flow in consciousness, ed. M. Csikszentmihalyi and I. Csikszentmihalyi. Cambridge: Cambridge University Press, pp. 92-117.

Schafer, C., and A. Anastasi. 1968. A biographical inventory for identifying creativity in adolescent boys. Journal of Applied Psychology 58: 42-48.

Schatz, E., and R. Baldwin. 1986. Context clues are unreliable predictors of word meanings. Reading Research Quarterly 20: 439-453.

Schon, I., K. Hopkins, and C. Vojir. 1984. The effects of Spanish reading emphasis on the English and Spanish reading abilities of Hispanic high school students. Bilingual Review 11:33-39.

——. 1985. The effects of special reading time in Spanish on the reading abilities and attitudes of Hispanic junior high school students, Journal of Psycholinguistic Research 14:57-65.

Schoolboys of Barbiana. 1970. Letter to a teacher. New York: Vintage Books.

Schoonover, R. 1938. The case for voluminous reading. English Journal 27: 114-118

Schramm, W., J. Lyie, and E. Parker. 1961. Television in the lives of our children. Stanford, Calif.: Stanford University Press.

Seashore, R., and L. Eckerson. 1940. The measurement of individual differences in general English vocabularies, Journal of Educational Psychology 31:14-31.

Segal,J. 1997. Summer daze. Class paper, Trenton State University, Summer.

Senechal, M., J. LeFebre, E. Hudson, and E. Lawson. 1996. Knowledge of storybooks as a predictor of young children's vocabulary, Journal of Educational Psychology 88(1): 520-536.

参考文献

Shanahan, T. 2000. Reading Panel: A member responds to a critic. Education Week, May 31,39.

Shin, F. 1998. Implementing free voluntary reading with ESL middle school Students—improvement in attitudes toward reading and test scores. In Literacy, access, and libraries among the language minority population, ed. R. Constantino. Lanham, Md.: Scarecrow, pp. 225-234.

——. 2001. Motivating students with Goosebumps and other popular books. CSLA Journal (California School Library Association) 25(1): 15-19.

——. 2003. Should we just tell them to read? The role of direct encouragement in promoting recreational reading. Knowledge Quest 32(3): 49-50.

Shooter, J. 1986. Marvel and me. In The comic book price guide, ed. R. Overstreet. New York: Harmony Books, pp. A85-96.

Simonton, D. 1984. Genius, creativity, and leadership. Cambridge, Mass.: Harvard University Press.

——. 1988. Scientific genius: A psychology of science. Cambridge, Mass.: Harvard University Press.

Slover, V. 1959. Comic books vs. story books. Elementary English 36: 319-322. SmartGirl Internette, Inc. 1999. Teen Read Week Report, November.

Smith, C., R. Constantino, and S. Krashen. 1996. Differences in print environment for children in Beverly Hills, Compton and Watts. Emergency Librarian 24(4): 4-5.

Smith, E. 2001. Texas school libraries: Standards, resources, services and students' performance. Austin: Texas State Libraries and Archives Commission.

Smith, F. 1988. Joining the literacy club. Portsmouth, N.H.: Heinemann.

——. 1994a. Writing and the writer, 2d ed. Hillsdale, N.J.: Eribaum.

——. 1994b. Understanding reading, 5th ed. Hillsdale, N.J.: Eribaum.

Smith, M. 1941. Measurement of the size of general English vocabulary through the elementary grades and high school. Genetic Psychology Monographs 24:311-345.

Smith, R., and G. Supanich. 1984. The vocabulary scores of company presidents. Chicago: Johnson O'Conncr Research Foundation Technical Report 1984-1.

Snow, C., W. Barnes, J. Chandler,I. Goodman, and H. Hemphill. 1991. Unfulfilled expectations: Home and school influences on literacy. Cambridge, Mass.: Harvard University Press.

Sommers, N. 1980. Revision strategies of student writers and experienced adult writers. College Composition and Communication 31: 378-388.

Southgate, V., H. Arnold, and S. Johnson. 1981. Extending beginning reading. London: Heinemann Educational Books.

Sperzl, E. 1948. The effect of comic books on vocabulary growth and reading comprehension. Elementary English 25: 109-113.

Stahl, S., M. Richek., and R. Vandevier. 1991. Learning meaning vocabulary through listening: A sixth-grade replication. In Learner factors/teacher factors: Issues in literacy research and instruction, ed. J. Zutell and S. McCormick. Chicago: National Reading Conference, pp. 185-192.

Stanovich, K., and A. Cunningham. 1992. Studying the consequences of literacy within a literate society: the cognitive correlates of print exposure. Memory and Cognition 20(1): 51-68.

——. 1993. Where does knowledge come from? Specific associations between print exposure and information acquisition, Journal of Educational Psychology 85(2): 211-229.

Stanovich, K., and R. West. 1989. Exposure to print and orthographic processing. Reading Research Quarterly 24:402-433.

Stanovich, K., R. West, and M. Harrison. 1995. Knowledge growth and maintenance across the life span: The role of print exposure. Developmental Psychology 31 (5): 811-826.

Stedman, L., and C. Kaestle. 1987. Literacy and reading performance in the United States, from 1880 to the present. Reading Research Quarterly 22: 59-78.

Stokes, J., S. Krashen, and J. Kartchner. 1998. Factors in the acquisition of the present subjunctive in Spanish: The role of reading and study. ITL: Review of Applied Linguistics 121-122: 19-25.

Summers, E., and J. V. McClelland. 1982. A field-based evaluation of sustained silent reading (SSR) in intermediate grades. Alberta Journal of Educational Research 28:110-112.

Sutton, R. 1985. Librarians and the paperback romance. School Library Journal 32:253-258.

Swain, E. 1948. Using comic books to teach reading and language arts. Journal of Reading 22:253-258.

Swanborn, M., and K. de Glopper. 1999. Incidental word learning while reading: A meta-analysis. Review of Educational Research 69(3): 261-285.

Swanton, S. 1984. Minds alive: What and why gifted students read for pleasure. School Library Journal 30; 99-102.

Thompson, M. 1956. Why not try self-selection? Elementary English 33: 486-490.

Thompson, R. 1930. The effectiveness of modern spelling instruction. New York: Columbia University Teacher's College. Contributions to Education, No. 436.

Thorndike, R. 1941. Words and the comics. Journal of Experimental Education 10:110-113.

——. 1973. Reading comprehension education in fifteen countries. New York: Halsted Press.

Trelease, J. 2001. The read-aloud handbook, 5th ed. New York: Penguin.

Tsang, W-K., 1996. Comparing the effects of reading and writing on writing performance. Applied Linguistics 17(2): 210-233.

Tse, L. 1996. When an ESL adult becomes a reader. Reading Horizons 31(1): 16-29.

——. 1998. Ethnic identity formation and its implications for heritage language development. In Heritage language development, ed. S. Krashen, L. Tse, and J. McQuillan. Culver City, Calif.: Language Education Associates, pp. 15-29.

——. 2001. Resisting and reversing language shift: Heritage-language resilience among U.S. native biliterates. Harvard Educational Review 71(4): 676-706.

Tudor, I., and F. Hafiz. 1989. Extensive reading as a means of input to L2 learning, Journal of Research in Reading 12(2): 164-178.

Twadell, F. 1973. Vocabulary expansion in the TESOL classroom. TESOL Quarterly 7:61-78.

Ujiie, J., and S. Krashen.. 1996a. Comic book reading, reading enjoyment, and pleasure reading among middle class and chapter I middle school students. Reading Improvement 33 (1): 51-54.

——. 1996b. Is comic book reading harmful? Comic book reading, school achievement, and pleasure reading among seventh graders. California School Library Association Journal 19(2): 27-28.

——. 2002. Home run books and reading enjoyment. Knowledge Quest 3(1): 36-37.

Van Zelst, R., and W. Kerr. 1951. Some correlates of technical and scientific productivity. Journal of Abnormal Psychology 46: 470-475.

Varbic, M. 1990. Analysis of writing samples of students taught by teachers using whole language and traditional approaches, Journal of Educational Research 83:245-251.

Vollands, S., K. Topping, and R. Evans. 1996. Experimental evaluation of computer assisted self-assessment of reading comprehension: Effects on reading achievement and attitude. ERIC Document ED 408 567.

——. 1999. Computerized self-assessment of reading comprehension with the accelerated reader: Action research. Reading and Writing Quarterly 15: 197-211.

Von Sprecken, D., and S. Krashen. 1998. Do students read during sustained silent reading? California Reader 32(1): 11-13.

——. 2002. Is there a decline in the reading romance? Knowledge Quest 30(3): 11-17.

Von Sprecken, D., J. Kim, and S. Krashen. 2000. The home run book: Can one positive reading experience create a reader? California School Library Journal 23(2): 8-9.

Walker, G., and I. Kuerbitz. 1979. Reading to preschoolers as an aid to successful beginning reading. Reading Improvement 16: 149-154.

Wallas, G. 1926. The art of thought. London: C.A. Watts. (Abridged version, 1945). Excerpts reprinted in Creativity, ed. P. E. Vernon (1970). Middlesex, England: Penguin, pp. 91-97.

Waring, R., and M. Takakei. 2003. At what rate do learners learn and retain new vocabulary from reading a graded reader? Reading in a Foreign Language 15(2): 130-163.

Wayne, R. 1954. Survey of interest in comic books. School Activities 25: 244.

Weiner, S. 2003. Mutants for the masses: Graphic novel roundup. School Library Journal 49 (5): 32-33.

Wells, G. 1985. Language development in the pre-school years. Cambridge: Cambridge University Press.

Wendelin, K., and R. Zinck. 1983. How students make book choices. Reading Horizons 23:84-88.

Wertham, E. 1954. Seduction of the innocent. New York: Rinehart.

Wesche, M. and T.S. Paribakht 1996. Assessing second language vocabulary knowledge: Depth versus breadth. Canadian Modern Language Review

53(1): 13-40.

West, R., and K. Stanovich. 1991. The incidental acquisition of information from reading. Psychological Science 2: 325-330.

West, R., K. Stanovich, and H. Mitchell. 1993. Reading in the real world and its correlates. Reading Research Quarterly 28: 35-50.

Wheldall, K., and J. Entwhistle. 1988. Back in the USSR: The effect of teacher modeling of silent reading on pupils' reading behaviour in the primary school classroom. Educational Psychology 8: 51-56.

White, T., M. Graves, and W. Slater. 1990. Growth of reading vocabulary in diverse elementary schools: Decoding and word meaning. Journal of Educational Psychology 82:281-290.

Wilde, S. 1990. A proposal for a new spelling curriculum. Elementary School Journal 90:275-290.

Williams, P., and M. Boyes. 1986. Television-viewing patterns and use of other media. In The impact of television, ed. T. M. Williams. New York: Academic Press, pp. 215-263.

Williams, P., E. Haertel, G. Haertel, and H. Walberg. 1982. The impact of leisure-time television on school learning: A research synthesis. American Educational Research Journal 19: 19-50.

Willig, A. 1985. A meta-analysis of selected studies on the effectiveness of bilingual education. Review of Educational Research 55(3): 269-317.

Willingham, D. 2002. Allocating student study time: "Massed" versus "distributed" practice. American Educator (Summer). Available: http://www. aft. org/american_cducator/summer2002/askcognitivescientist. html.

Witty, P. 1941. Reading the comics: A comparative study, Journal of Experimental Education 10:105-109.

Witty, P., and R. Sizemore. 1954. Reading the comics: A summary of studies and an evaluation, T. Elementary English 31: 501-506.

——. 1955. Reading the comics: A summary of studies and an evaluation, III. Elementary English 32: 109-114.

Wolf, A., and L. Mikulecky. 1978. Effects of uninterrupted sustained silent reading and of reading skills instruction on changes in secondary school students' reading attitudes and achievement. In 27th Yearbook of the National Reading Conference. Clemson, S.C.: National Reading Conference, pp. 226-228.

Worthy, J. 1998. "On every page someone gets killed!" Book conversations you don't hear in school. Journal of Adolescent and Adult Literacy 41(7): 508-517.

——. 2000. Teachers' and students' suggestions for motivating middle-school children to read. In 49th yearbook of the National Reading Conference, ed. T. Shanahan, and F. Rodriguez-Brown. Chicago: National Reading Conference, pp. 441-451.

Worthy, J., and S. McKool. 1996. Students who say they hate to read: The importance of opportunity, choice, and access. In Literacies for the 21st century: Research and practice, ed. D. Leu, C. Kinzer, and K. Hinchman. Chicago: National Reading Conference, pp. 245-256.

Worthy, J., M. Moorman, and M. Turner. 1999. What Johnny likes to read is hard to find in school. Reading Research Quarterly 34(10): 12-27.

Wright, G. 1979. The comic book: A forgotten medium in the classroom. Reading Teacher 33:158-161.

Wright, R. 1966. Black boy. New York: Harper & Row.

Yoon, J-C. 2002. Three decades of sustained silent reading: A meta-analytic review of the effects of SSR on attitude toward reading. Reading Improvement 39(4): 186-195.

Zuckerman, D., D. Singer, and J. Singer. 1980, Television viewing, children's reading, and related classroom behavior, Journal of Communication 32: 166-174.